SV

Band 708 der Bibliothek Suhrkamp

Jean Giraudoux
Elpenor

Aus dem Französischen
von Otto F. Best

Suhrkamp Verlag

Titel der französischen Originalausgabe: *Elpénor*

Die erste deutsche Ausgabe des Textes in der Übertragung von Otto F. Best
erschien 1960 im Propyläen Verlag, Berlin

Erste Auflage 1980

Druck: Nomos Verlagsgesellschaft, Baden-Baden
Printed in Germany

Elpenor

Da geschah es, daß der Matrose Elpenor zu Tode kam. Die einzige Gelegenheit, ihn zu erwähnen, denn nie tat er sich hervor, weder durch Mut noch durch Klugheit.

Homer Odyssee, 10. Gesang

DER ZYKLOP

Die Insel war ein Paradies. Die Gefährten des Odysseus, die seit drei Tagen weder gegessen noch getrunken hatten, fanden dort neben Quellen, davon eine sprudelnden Wassers, alle Früchte, darunter eine riesige, säuerlich schmeckende Birne, die ihnen samt Kernen köstlich auf der Zunge zerging, und alle Arten von Wildbret, darunter das schwarz-gelb gestreifte Zebra, das sie in Querscheiben schnitten. Alles in allem, sie fanden das Glück: das heißt, die Erfüllung aller Wünsche, darunter auch jener, die nur ein Gott für den Menschen sich ausdenken kann. Alle Baumschatten, darunter ein duftender, der den Schläfer umschmiegte und ihn vor Schlafgenossen bewahrte; außerdem gab es Zwillingsschatten für Freundespaare ... Dennoch verbrachten Matrosen und Fouriere den Nachmittag am Strand, von einem Bein aufs andere tretend, als wollten sie dem Ufersand den milden Saft der Reben entreißen. Ihren Augen entströmten Tränenbäche, sprudelnden Wassers aus dem rechten. Odysseus bemerkte nicht, wie auf den andern Triremen die Ruder, diese hölzernen, von Salzwasser übersättigten Zungen, in den Luken verschwanden und seine Gefährten erschienen, bewaffnet mit Bleuel und Wäsche. Doch sie wrangen nur die Arme, von denen trocken die Sonne rann. Wenn einer von ihnen sich, gesättigt nach erfolgreicher Jagd, mit gespreizten Beinen schräg über den blitzenden Wurfspieß streckte, schüttelte ihn, dem Frosch am kupfernen Draht gleich, im Schlafe ein rhythmisches Zucken, und er sträubte sich in Morpheus' räuberischer Umarmung ... So macht es das Kind, zieht seine Amme es fort von der Pfütze mit lockendem Wasser.

Kurz, sie trugen alle Kümmernisse der Sterblichen, und überdies eines, das ihnen neu war und das nur ein Gott zu geben vermag.
Eine Viertelmeile entfernt lag nämlich noch eine zweite Insel, und nur zu ihr zog es sie hin. Nicht daß sie mehr als die erste versprochen hätte, der sie auf seltsame Weise glich. Der gleiche Gipfel in der Mitte; an den Hängen die gleichen Orangenhaine, und das Meer schmiegte sich ringsum (Odysseus ließ sie von Perimedes zählen) in genauso viele Runzeln. Jeder Platane entsprach drüben eine Platane, jedem Erdbeerbaum ein Erdbeerbaum, und die Matrosen weigerten sich, Erdbeere oder Pfirsich zu pflücken, damit ihrem Doppel auf der anderen Insel nicht irgendein Schaden entstehe. Eurylochos, der den Adler noch eher erspähte als der Adler Eurylochos, und den Odysseus bei Nebel, mit der Hand seinen Kopf ausrichtend, wie ein Vergrößerungsglas vor sich hinstellte, sah die gleichen Zebras im Gänsemarsch am Strand entlanglaufen, wie Lattenzäune in der schillernden Sonne. Zur zweiten Insel aufbrechen bedeutete somit auf dieser Insel bleiben. Doch wie der Freund der Amazone sich nach der fehlenden Brust sehnt und sie im Sande des Ufers nachformt und liebkost, wie die Männer von Zwillingsschwestern mit schiefem Gesicht und gekreuzten, der Frau des anderen zugewandten Blicken ihr Leben leben, so wand sich, einem Riemen gleich, eine goldglänzende Strömung um die Inseln und die Gefährten des Odysseus, die vor Ungeduld wie Scherenschleifer den Fuß bewegten und solcherart ihre Sehnsucht schliffen. Sie wollten nicht einsehen, daß das zweite Bild des Glücks zu besitzen

nichts anderes heißt, als das dritte zu begehren und sich einer Kette ohne Ende preiszugeben. Sie bedachten auch nicht, daß sie in dem Spiegel sich selber begegnen und, den beiden Ziegen auf dem Brett über dem Abgrund gleich, mit der Stirn an ihr eigenes Dasein stoßen könnten. Immerhin, so viel ist sicher, daß sie sich weigerten, mit den noch ganz frischen Knochen der zarten Lämmer ein Spielchen zu wagen (ihr aus Ithaka stammendes Knochenspiel hatten sie während einer Hungersnot verzehrt) und daß sie, wie die Dichter, von Minute zu Minute ein unheilverkündendes Gebrüll ausstießen.

Vor allem der Matrose Elpenor war untröstlich.

»Ach, göttlicher Odysseus!« rief er, »führe uns auf die zweite Insel. Hast du nicht nach jeder Heldentat (schon nach der kleinsten Gebärde) wie wir das Gefühl, die gleiche, genau die gleiche bleibe dir noch einmal zu tun? Gewiß, du hast Troja erobert, aber fühlst nicht auch du, daß ein zweites, unversehrtes Troja weiterlebt an Stelle des ersten, dem es aufs Haar gleicht; daß Helena dem Paris unbewußte Blicke zuwirft; daß irgendein unbekannter Knappe Hektors Pferd heimlich einen Schlag auf die Hinterhand gibt und daß Hekubas Mägde mit schrecklicher Sorgfalt in ihren Kellern sich mühen, einem blinden Silberteller neuen Glanz zu verleihen? Gewiß, wir haben die drei Sirenen gesehen, doch es stehen uns noch drei Sirenen bevor, obwohl andere, genau die gleichen; und wir beneiden jeden, der die ersten nicht sah. Und du, göttlicher Odysseus, ich lege meine Hand auf dich, ich umfasse deine Knie, doch laß mich durch dich den zweiten

Odysseus anflehen, von dem du, o Grausamer, fern uns hältst! Ach, er möge mir verzeihen, daß mein Verlangen einer Sphinx mit Brüsten gleicht, denn hab' ich nicht auch zwei Augen und zwei Ohren?«

»Falls du auch zwei Zungen hast«, gab Odysseus zurück, »so bin ich verloren!«

Inzwischen hatten die Matrosen sich versammelt ...

»O König von Ithaka«, riefen sie, »Elpenor ist toll, und toll ist auch, wer auf die andere Insel will! So fahr uns denn zur Strafe hinüber, denn fraglos wird uns der Sinn, sind wir erst dort, nur mehr nach der Insel stehen, auf der wir jetzt uns befinden ... An die Arbeit, Kameraden, werft Schalen, Knochen und Kerne ins Meer, denn liegt sie uns wieder vor Augen, werden wir bitter bereuen, unseren Wunschtraum, als er uns Zuflucht gewährte, besudelt zu haben!«

Solcherart glaubten sie Odysseus zu schmeicheln, der sehr auf Sauberkeit hielt, und bald gab es, wie in den gescheuerten Ländern des Nordens, Schmutz nur mehr in Wasser und Meer.

»So rüstet das Schiff«, befahl ihnen Odysseus.

O Zeus, dachte er unterdessen, hast du mich etwa an eine letzte Grenze geführt, und ist diese Schranke, die zwischen den beiden Inseln liegt, am Ende gar jene Falte, die unsere Welt von der Welt der Ideen trennt? Hast du mich als ersten für würdig befunden, von den Sterblichen andres zu sehen als Körper und Schatten? Ist jene Insel etwa die Idee unsrer Insel? Eine Insel, die du selber geschaffen? Denn hättest du dich mit der gemeinen Materie befaßt, wärest du kein Gott; und ein

Demiurg hat genügt. Auf denn zur wirklichen Insel! Ich fühle, mit diesen zwei blitzenden Knöpfen wird der Gürtel des Universums geschlossen!
Er hütete sich wohlweislich, seinen Matrosen solche Gedanken anzuvertrauen, und beschied sich damit, sie sich schmücken und salben zu lassen, wie der Philosoph seine Schüler an dem Tage zu schmücken und zu salben pflegt, da er ihren Geist so weit geschult hat, daß sie hinter den Worten das Reich der Ideen gewahren. Dann packte Zephir das Schiff an den beiden Segeln und trug es davon. Dann brachte er, dem Rosselenker gleich, der die scheuenden Tiere zu der marmornen Tränke lenkt, das Schiff an einer Landzunge zum Halten.
Die Sterblichen neigen dazu, einem Ort, dem ihre Sehnsucht gilt, mit größerer Achtung zu begegnen als einer Wohnstatt Gottes. So kam es, daß die Matrosen alles, was sie auf der ersten Insel verschmäht oder zerstört hatten, jetzt mit entzückten Augen betrachteten und mit unschuldigen Händen streichelten. Sie töteten keine Tiere mehr, überzog doch auch die untergehende Sonne Antilopen, Marder und selbst die Schmetterlinge mit jenem Firnis, der das Laub zeitloser Bäume ziert. Einzig die Seele des Odysseus blieb ohne Glanz, und die Ungewißheit nagte an ihr, denn er hatte den Abdruck eines riesigen Fußes im Ufersand gewahrt. Bedacht auch darauf, einer vielleicht unkörperlichen Welt möglichst kleine Last zu sein, bewegte er sich spurlosen Schrittes, den Boden mit dem Stock abtastend, als ob er darin hohle Kulissen erahnte. Er schloß die Augen bei jedem Sonnenstrahl, aus Furcht,

ein plötzliches Aufblitzen könnte das schwache Flämmchen seiner Seele verzehren.
O Pallas, dachte er, mach daß ich Land unter den Füßen habe und nicht das Werk des allmächtigen Zeus! Verhüte vor allem, daß der Olymp mir einen Schabernack spielt und der Riese, der die Insel bewohnt, meine eigene Idee ist. Gerade entdeckte ich in der Sandspur, wie er die Sandalen bindet. Ich zittere, wenn ich daran denke, was ich sah: Er übergeht die große Zehe, wie es allein meine Gewohnheit ist! Welches Ansehen würde dein lieber Odysseus hinfort in den Augen seiner Matrosen genießen, wenn es ihnen vergönnt würde, ihn mit einem zehnfachen Odysseus zu vergleichen!
Als er andererseits bemerkte, wie der Schatten des Eurylochos von dem gierigen Schatten eines Feigenbaumes verschlungen wurde, begann er aufs neue zu fürchten, daß alle diese schwachen Menschenkinder – sein eigener königlicher Leib miteinbegriffen – von ihrem göttlichen Stamm aufgesogen werden könnten. So zog er es vor, in den Schoß der Erde zurückzukehren.
»Ach, Kameraden«, befahl er, »laßt uns hinauf zu dieser Höhle steigen und uns dort zur Ruhe legen.«
Und er gebot Schweigen dem Phaesias, der als erster auf den Gedanken gekommen war, die Leute statt mit »du« mit »Ihr« anzureden. Auch jetzt sagte er wieder »Ach Ihr, Odysseus«, und der König von Ithaka erbebte bei diesem frechen Plural, der überdies noch gerechtfertigt sein konnte.
Seine Gefährten schliefen bereits, und auch er wandelte

leichtfüßig durch Morpheus' Welt, die an diesem Abend fester schien als die Welt seines Wachseins, als die Nacht eine Herde riesiger Schafe in die Höhle warf und sie dort, wie der Hurrikan an der Küste seine Schneeflocken und seinen Zorn, freiließ. Hinter ihnen trat der Riese ein und schied mit einem Felsblock die äußere Nacht von der Nacht ohne Sterne. Dann richtete er das Feuer, und unter seinen Händen splitterten die Eichenknüppel wie Flatterminen. Odysseus, an dessen Gelenken, einem Übel gleich, die Furcht vor dem riesigen und unsterblichen Odysseus sich staute, suchte verzweifelt, die Bewegungen des Ungetüms auszumachen. Doch das einzige, was er zu ergründen vermochte, waren seine Geräusche. Das genügte ihm übrigens schon, und bald schlug sein Herz weniger schnell.

Sei gepriesen, Tochter des Zeus, dachte er, dieser Kerl hustet, schnaubt und spuckt. Das ist bestimmt nicht der wohlerzogene Odysseus.

In diesem Augenblick loderte das Feuer, und der Riese erblickte die Griechen. Es war ein junger Zyklop, struppig wie der Berg, und er verschlang eine Hirschkuh. Alle erblichen, außer Odysseus, der nur sich selbst fürchtete – auch wenn er sich sah, wie er wirklich war – und auf die Ursache des Entsetzens zutrat, berauscht von der Vorstellung, einen Zyklopen prellen und sich in Inversionen ergehen zu können. Denn zum Scherz nahm er seine Zuflucht zu der Redeweise der künftigen Germanen, die das Verb während des ganzen Satzes wie einen Kern im Munde behalten, um ihn dann plötzlich auszuspucken:

»O Zyklop«, sagte er, »nicht zwei, nicht vier, nicht sechs Augen oder Augenpaare (oder Augenpärchen) reichen aus, will man den Augenstern auf deiner Stirn betrachten, den mit deinem Hirn du dort nährst! Ein Schild, an dem Apollons Pfeile zerschellen, und über dem, wie der schwarze Bogen der Amazone über rundem Schild, plötzlich deine Braue erscheint und sich strafft! O Zyklop, wenn du zwinkerst, ist es, als zwinkerte die Sonne. Woran erkennt man die Schönheit? Daran daß die Götter sie neiden. Sieh, du bist der Mächtigsten einer, von der Liebe selbst beneidet! Ich sage wohlweislich Liebe und nicht Freundschaft oder Vergnügen! Vom Wunsche besessen, dir zu gleichen, schloß Amor das rechte Auge sich mit einer Binde, die ihm inzwischen – wie ungeschickt – auch über das linke rutschte!«
Der Zyklop verneigte sich, und was Boreas mit der Eiche nicht gelang, Odysseus' Hauch gelang es mit dieser Masse. Indessen erhoben sich die Matrosen, heiter und begeistert von der Aussicht, statt eines schlimmen Abenteuers ein heiteres Zwischenspiel zu erleben, und riefen:
»Hurra, hurra, es lebe der Zyklop! Amor will ihm gleichen. Verbirg dich, o Amor! Du weißt Verstecke genug!«
Starr lauschte der Zyklop ihren Worten. Das Rollen dieser Griechenstimmen rann durch die Schalluken in den dichten Wald, den die Optative liebkosten. Einen Augenblick war es, als hielte er sie darin zurück, und wie Wein im Becher neigte sich sein Haupt. Dann ließ er die Huldigung durch den riesigen Kanal zum

Hammer gleiten. Der schlug auf den Amboß, der Amboß auf das Trommelfell, das so groß und so klangreich war, daß man ihn hören hörte.

»Fremdling«, sagte er schließlich, »du hast ein tüchtiges Mundwerk. Wenn es nach deinen Worten auch angehen mag, einäugig zu sein, so geht es noch lange nicht an, einohrig auf dieser Welt herumzulaufen!«

Da begriffen die Matrosen, daß sie gerettet waren, klatschten in die Hände und riefen:

»Kein gewöhnlicher Honig tropft von des Zyklopen Lippen! Nein, Honig ist's, bei dem die Biene ihren Stachel vergaß. Er ist schlagfertig wie ein Teufel!«

»Fremdling«, antwortete der Zyklop, »ich mag eure Reden. Doch ich müßte mir Vorwürfe machen, verhehlte ich euch, daß der Tag kommen wird, an dem ihr zum Frühstück mir dient. Das soll uns indessen nicht hindern, Freunde zu sein! Die flinke Köchin läßt zwar die Hennen über die Klinge springen, doch sie ist jederzeit gern gesehen im Hühnerhof, und das Federvieh gackert vor Freude um die Wette, wenn es sie sieht!«

Da riefen die Gefährten des Odysseus, erkennend, daß sie verloren waren, laut aus:

»Er hat recht! Laßt uns um die Wette gackern. Jedem Trojaner, der behauptet, daß die flinke Köchin nicht die beste Freundin der Hühner sei, werden wir mit Keulenschlägen eine Runkelrübe in seinen schräggeschnittenen, den Mandelaugen der asiatischen Heuchler gleichen Mund treiben!«

Der Zyklop wandte dem Feuer den Rücken zu. In seinem langen Bart hingen die Überreste der Antilope, doch keiner der Matrosen wagte, es ihm zu sagen, ist doch bekannt, wie sehr selbst die Menschen sich über solche Bemerkungen kränken, die gewiß nur im öffentlichen Interesse fallen.

»Und du«, wandte sich der Riese schließlich an Odysseus, »dessen Zunge einer am Schwanz hängenden Pythonschlange gleicht und einen Ochsen hochheben könnte, wie heißt du?«

»Ich heiße Niemand«, antwortete Odysseus.

»Dieser Name sagt mir nichts«, widersprach der Zyklop. »Kennst du etwa nicht die Pflichten eines Gastes? Hast du mir nicht auch den Namen deines Vaters und den deines Großvaters zu nennen?«

»Mein Vater hieß Von Niemand«, erklärte Odysseus. »Er war von adliger Abstammung. Weniger adelig freilich der Vater meines Vaters, der Von Von Niemand hieß.«

»Und du?« fragte der Zyklop einen jeden der Matrosen.

Doch diese, die Arglist des Königs durchschauend, hefteten die Augen auf Odysseus, und je nachdem, auf welchen Körperteil er deutete, bildete ein jeder sich seinen Namen:

»Ich heiße Meinkopf«, sagte Eurylochos ...

Und alle folgten seinem Beispiel. Allerdings ging die Sache nicht ganz so glatt ab: Elpenor, der nicht begriffen hatte, worauf Odysseus hinaus wollte, jagte ihnen noch einen Schrecken ein. Verwirrt durch eine Gebärde des Odysseus, der mit einem an Zittern noch die Kompaßnadel übertreffenden Finger auf sein Auge deutete, und die vierundzwanzig Gebärden seiner

Kameraden, die es Odysseus gleichtaten, weigerte er sich zu antworten. Schon machte der Zyklop Anstalten, sich ihm zu nähern, da erhellte sich sein Gesicht:
»Ich heiße der Zyklop!« brüllte er triumphierend; und der Name hallte wider in der Höhle.
Da riefen seine Gefährten, die den sicheren Tod vor Augen sahen, laut aus:
»Ach, wären wir doch auf der anderen Insel geblieben! Es macht zwar Freude, das schönste aller Zyklopenaugen in unserem Gefängnis leuchten zu sehen, doch was hat schon das unglückliche Krebsgeschwür davon, in der Muschel zu wohnen, die die schönste aller Perlen nährt? . . .«
Als der Zyklop jedoch dieses gefürchtete Wort hörte, fing er zu zittern an und setzte sich nieder.
»Sag, Niemand«, fragte er leise, sobald sein Herz wieder zur Ruhe gekommen war, »hast du jemals geliebt?«
»Es kommt ganz darauf an«, gab Odysseus zurück, »was du unter Lieben verstehst?«
»Unter Lieben«, fuhr der Zyklop fort (und im farbenreichen Widerschein des Holzstoßes schien er selber zu brennen) . . . »Unter Lieben verstehe ich in eisigem Feuer erzittern, in dürrem Schatten ersticken, verstehe ich, meinen Namen mit dem Beil in die Rinde der Eiche kerben und mit Felsbrocken auf den Meeresspiegel schreiben. Ein armer Name, den täglich die Flut bedeckt, um mich für Stunden namenlos zu machen! Ich verstehe darunter zu guter Letzt, je nach Laune des Gegenstandes – so nennt ihr Menschen doch eure

Geliebte, nicht? –, über die beiden Fältchen auf ihrer Stirn, jenen verhängnisvollen Weichen, in Sekundenschnelle zur Vorstellung von Glück oder ewigem Unglück zu gelangen und ihn – ich meine den Gegenstand –, wenn nötig, zu töten!«
»O Kameraden«, nahm Odysseus das Wort, »singt dem Zyklopen, was Liebe ist!«
So sprach er, und die Matrosen sangen im Chor die Hymne der Penelope:

»Lieben heißt, des Nachts die Fäden trennen,
sie bei Tage wieder suchen.
Es heißt wollen und nicht wollen,
heißt sich Königin nennen,
und schließlich heißt's – der Liebe fluchen.«

Und Perimedes wiegte seinen Körper über ihnen und schlug so den Takt.
Der Zyklop unterbrach sie, bestürzt.
»Holla«, sagte er, »was ist das für eine seltsame, elastische und trügerische Redeweise, die mir das Gefühl gibt, auf Wogenkämmen zu rollen, einzutauchen und wie ein Boot zu kentern?«
»Das sind Verse«, gab Odysseus zurück. »Die Frauen erhören jeden, der ihnen damit kommt . . . Fasse dich, du bist ganz bleich!«
Der Zyklop wischte sich den Schweiß von der Stirn:
»Man muß flink sein, wie dieser alte Steuermann«, sagte er und wies auf Perimedes, »will man auf solcher Schlagwelle Haltung bewahren. Gibt es nicht einen bequemeren Weg für einen Liebhaber, Geständnisse zu machen?«

»Du kannst es mit Sprüchen versuchen«, entgegnete Odysseus ... »Keine Frage, die regelmäßigen Einsätze des Reimes und das Fehlen jeglicher Bezüge zwischen Rhythmus und Gedanken, seine wesentlichen Kennzeichen, lassen den Vers eher dem menschlichen Körper gefährlich werden, während die Sprüche sich sogar den Sprüngen der Leidenschaft anpassen. Nicht das blanke Gestell der Verseschmiede ist ihr Unterfutter, die Seele selbst erblickt man zwischen den Zäsuren. Kameraden, tragt dem Zyklopen die Sprüche des Scheidenden Odysseus vor!«
Sie deklamierten, und Perimedes hob die Hand bei den Zäsuren und Enjambements, hielt sie einen Augenblick hoch, um die seidenweichen Falten der Sprüche festzuhalten, einem neugierigen Gotte gleich, der die Wandbehänge des Brautgemachs in die Höhe hebt:

»Ach, sieh nur, wie mein Knappe das Zweigespann an die Deichsel schirrt und anspannt an den bauchigen Wagen.
Sieh nur, wie umständlich Mars sich einen seiner Gürtel umschnallt. Ach, wie die Standarten sich drehen, wie sie sich necken und beißen im Morgenwind, wie sie sich besprechen vor meinem Fenster, zwei Pferden gleich!
Laß an dir, o junger Tag, mich erproben, wie der König eine neue Tugend an seinen Höflingen erprobt! O Morgenrot, o Zartgefühl, tauch in deine Farben ein all das an Odysseus, was Gold und Erz nicht unverwundbar an ihm machen, und zieh einen rosigen Faden ihm durch seiner Beinschienen Gelenke.

Und laß mich wie ein unnützes Kartenspiel Hellas und seine kleinen Hütten vermischen: O Ithaka, Hauptstadt Athen! O Lesbos, Hauptstadt Sidon!«

»Ich gebe den Versen«, sagte der Zyklop, »ganz entschieden den Vorzug, trotz der Übelkeit, die sie mir verursachen. Doch sag, mit welchen von beiden lassen die Frauen am raschesten sich erobern?«

»Das kommt darauf an«, gab der göttliche Odysseus zurück (der deswegen nicht verdient, göttlich genannt zu werden, weil er, wie man weiß, immer wieder der Versuchung unterlag, eines seiner Epigramme anzubringen) ... »Der Vers wirkt, wie ich dir bereits erklärt habe, auf die Muskeln und nötigt ihnen ein Lächeln ab. Hast du schon eine Frau lächeln sehen, Zyklop?«

»Ich habe gesehen, wie Galatea ihr krauses Haar in den Wind hielt, damit er es hochhebe und sie es glatt über der Stirn abschneiden könne. Ihr Gesicht blieb streng, doch solcherart lächelt durch seine Fransen das grausame Meer.«

»Sprüche«, nahm Odysseus den Faden wieder auf, »blähen ihr Herz, bringen sie zum Weinen. Hast du schon eine Frau weinen sehen, Zyklop?«

»Ich habe den Regen auf Galateas Gesicht gesehen. Sie lächelte. Doch dicke Tropfen rannen über ihre Wangen.«

»Aber erst das Epigramm«, schloß Odysseus, »wirft sie dir atemlos zu Füßen. Kameraden, singt dem Zyklopen das Epigramm vor, das Paris für Helena, die Tochter der Leda, machte.«

So sprach er, und die Matrosen sangen:

»Es heißt, Frau des Menelaos, daß schwerlich
Dein Liebesruhm dir auch gebührt,
Und daß, kaum sollte man es glauben, niemals
Dein Weg dich bis nach Troja führt . . .«

»Und was gab Helena zur Antwort?« fragte der Zyklop frohlockend . . .

»Kameraden«. befahl Odysseus, »sagt dem Zyklopen, was Helena antwortete. Er ist verschwiegen; aus seinem Munde wird es niemand erfahren. Ich weiß, daß sie zunächst errötete . . .«

»Ich habe Frauen erröten sehen«, brüllte der Zyklop. »Ich habe Galatea erröten sehen, weil die Morgensonne mit ihren Wangen spielte . . . Sie ist die einzige Frau, die im Schlafe errötet!«

Doch der Chor fiel ihm ins Wort:

»Und ganz atemlos«, schloß der Chor und griff aus Schmeichelei die Adjektive seines Königs auf, »sagte sie:

Ich bekenne, es ist Sünde und war verkehrt,
Doch Paris ist eine Messe wert!«

»Ihr werdet mir ein Epigramm machen«, rief schwärmerisch der Zyklop. »Ihr werdet wohl nicht alle dazu erforderlich sein; ich habe nämlich Hunger. Kann ich nicht zwei oder drei von euch braten?«

»O Zyklop«, widersprach Odysseus, »raubt der Orgel eine Pfeife, und ihr Klang ist dahin. Töte einen von uns, und das Epigramm geht daneben! . . .«

So kam es, daß Odysseus mit Hilfe von Decknamen seine Matrosen zu einem unverwundbaren Körper verband und sie sich im Schutze des ungreifbaren Namens Niemand einer beneidenswerten Ruhe erfreu-

ten. Sie schlossen sich jeder seiner Gebärden an wie Schafe, die sich im Schatten einer Wolke zusammenscharen, um sich dort heimisch zu machen und ihr zu folgen.
»Achtung«, sagte Odysseus. »Augen auf und genau hinsehen!«
Über dem Auge des Zyklopen, das geschlossen war wie eine Falltür über dem Keller des Schlafes, schwangen die Matrosen im Takt einen Olivenstamm, dessen Spitze rotglühend war. Es waren jene sechs, die Odysseus dazu bestimmt, am Ufer den Pflock einzurammen, der dem Schiff im Sturme Halt gibt; die gleiche Kraft wandten sie auch jetzt auf, um ihr Leben im Grunde des ewigen Schattens zu verankern. Die Schafe, die irgendein Unheil nahen fühlten, gaben kläglich den zweiten Buchstaben des Alphabets von sich – den ersten staunenden Menschen, den letzten wütenden Schlangen überlassend.
»Eins, zwei, drei!« kommandierte Odysseus.
Es war geschehen! Hätte ein stählerner Gott seinen rotglühenden Finger in die Erde gebohrt, sie wäre genauso übergekocht und zersprungen. Die Nacht trat hervor und entzündete sich wie schwärzestes Glas. Seine Augenbraue, seine Wimpern zerbarsten wie die Stengel verdorrter Hyazinthen, die man ins Feuer wirft. Der Zyklop sprang auf und stieß ein fürchterliches Geheul aus, um die anderen Zyklopen herbeizurufen . . .
Er ist aufgewacht, sagte sich der listenreiche Odysseus.
Zwei Stunden lang lief der Riese im Kreis herum, und

die erschreckten Schafe galoppierten vor ihm her. Ein Ring, so vollendet wie im Innern höllischer Metalle. Als die Lämmer schließlich erschöpft zu Boden sanken und er auf sie trat, fühlte er Erbarmen und kauerte sich in der Mitte der Höhle nieder. Von Zeit zu Zeit griff er blindlings nach rechts oder links, um die Griechen zu erhaschen. Das einzige, was er zu fassen bekam, waren indessen Krabben, die des Odysseus' Gefährten am Strande gefischt und ihm zum spaßigen Zeitvertreib an biegsamen Haselruten hinhielten. Nicht lange, und die anderen Zyklopen versammelten sich vor seinem Schlupfwinkel:

»Was gibt's, Zyklop«, riefen sie, »du schreist wie eine richtige Jungfrau. Sag, wer hat dich gezwickt?«

»Der Niemand!« antwortete der Zyklop. »Der Niemand!«

»Wer ist dieser Niemand?« fragten die Zyklopen, denn an dem Artikel erkannten sie, daß Niemand ein Eigenname war und kein Pronomen.

»Niemand!« entgegnete der Zyklop, »das ist der Sohn von Von Niemand, der Enkel von Von Von Niemand . . .«

Da fingen die Zyklopen an zu lachen.

»Du stotterst ja, Zyklop!«

»Und der Bandit war nicht allein«, fuhr Polyphem fort. »Bei ihm waren . . .«

Er zählte vierundzwanzig Teile seines Körpers auf und bildete sich ein, es wären die vierundzwanzig Gefährten des Odysseus. Die Zyklopen hatten ihren Spaß:

»Und dein Nabel, Zyklop?« schrien sie, »kommt der denn in deiner Geschichte nicht vor?«

Sie lachten lauthals über ihren Scherz und kehrten, ihre Gefährtinnen neckend, zu ihrer Behausung zurück.

Plötzlich schlug sich der Zyklop an die Stirn – auf der Seite, wie es die Zyklopen zu tun pflegen, wenn ihnen ein Gedanke kommt.
»O Vater«, seufzte er, »o Neptun! Heile mich von dem Epigramm, das mir diese verfluchten Griechen gemacht haben! Sie wollten mir schon Verse beibringen, die Ruchlosen, und mir an Land dieses Herzklopfen bewirken, das man allein auf deinen Wogen haben darf. Heile mich, denn den Sohn dem Dunkel zu entreißen, ist für einen Gott bestimmt nicht schwerer, als ihn des Lichts zu berauben. Sieh mich an, Vater, und ich werde sehen!«
So sprach er, und Neptun verjagte mit seinem Hauch die unförmige Schattenbeule auf dem übel zugerichteten Rücken seines Sohnes. Hierauf ließ er, dem Heger gleich, der das duftende Harz auffängt, von der noch sonnenbeschienenen Seite der Tannen, vom westlichen Sims jedes Ähre tragenden Halms, aus der Höhlung jedes Blattes, aus der roten Rückseite auch jeder Woge, späte Helle in seine Hände rinnen. Dann brach er, wie ein aufspringender Krieger, der die Zweige eines Strauches knickt, die letzten Sonnenstrahlen entzwei. Schließlich zog er an der schimmernden Decke des Meeresspiegels, und die gesenkten Blicke sämtlicher Seeleute der Welt rollten ihm vor die Füße. Nun warf er über die Maßen viel von diesem Licht in einen riesigen Scheinwerfer und machte daraus, wie ein Haushofmeister, der die Lampen reguliert, einen Blick für den

Zyklopen. Es war zwar ein mittelmäßiger nur, doch dafür ein vergoldeter, da er dem sinkenden Tag entnommen. Der Zyklop brach in ein Freudengeheul aus. Er konnte wieder sehen! Erschöpft wie er war, nützte er ihn sogleich, um zu schlafen, und schon wuchsen wieder, wie zarter Roggen, Wimpern und Brauen. Die Griechen sahen sie mit Schauder sprießen – eine schwarze Ernte ...

Schon schwangen die sechs Matrosen, die stärksten und beschränktesten, erneut den rotglühenden Pfahl über dem Haupte des Zyklopen, als Odysseus sagte:

»Bildet ihr euch etwa ein, ihr könntet zu sechst erreichen, worum die fünfzig Töchter des Danaos vergeblich sich mühten, und die Nacht in ein Faß schütten ohne Boden?«

»O König von Ithaka«, erwiderte Eurylochos, »dann hat unser letztes Stündlein geschlagen?«

»Freunde«, fuhr Odysseus fort, »denkt doch ein wenig nach. Was ist an einem Heroen, einem Göttersohn, wohl unverwundbar?«

»Sein Körper ist es, o Odysseus, denn mit einem Wort kann Zeus ihn heilen.«

»So muß man sich eben an den Geist des Zyklopen halten«, folgerte Odysseus. »Wir werden ihn nicht mehr bei seinem Auge packen, sondern bei seinem Blick. Denkt nur an Elpenor! Rafft er einmal sich auf, das Zwischendeck zu verlassen, wo er das Kraut der Lotophagen raucht, hat er zwar noch seine Augen, größere Augen sogar als sonst, doch er behauptet, daß seine Füße am Boden kleben und seine Beine endlos sind ...«

»O Odysseus«, unterbrach ihn begeistert die Mannschaft! »Du hast recht! Versuchen wir es mit Elpenors Droge, geben wir sie dem Zyklopen zu rauchen. Nur müssen wir uns heimlich davon nehmen: Elpenor ist immer gleich böse, wenn man ihn bestiehlt, und wir laufen Gefahr, daß er dem Zyklopen deinen wahren Namen verrät.«

»Elpenor soll sich beruhigen«, sagte Odysseus. »Mein Plan ist viel einfacher.«

»O Odysseus«, erwiderte die Mannschaft, »wir kennen deinen Plan: du willst die Bilder herumdrehen, die Tische an die Decke hängen, wie wir es einmal im Zelte des Ajax machten, um ihn zu foppen; wer sprach, verharrte reglos, und ein anderer bewegte sich; aus leeren Tellern kosteten wir von nahrhafter Suppe: Ajax wurde schließlich verrückt.«

»Mein Plan ist viel einfacher. Hört zu!« sagte Odysseus.

Am nächsten Morgen wurde der Zyklop durch eine sanfte Berührung auf Gesicht und nackten Schultern aus seinen Träumen gerissen. Er lächelte, denn wie oft schon war er davon erwacht, daß Aurora ihn rosenfingrig liebkoste. Als er blinzelnd das Auge aufschlug, erstarrte ihm das Blut in den Adern, denn es waren die nackten Füße von des Odysseus Gefährten, die respektlos auf ihm herumtraten und seinen Leib für Minuten mit ihren Spuren überzogen. Außerdem schien die Höhle von Plünderern heimgesucht worden zu sein. Die Griechen tranken Milch und Wein, tranken sie sogar unmittelbar aus Schlauch oder gar

Euter. Alte bärtige Fouriere saßen rittlings auf Widdern, veranstalteten Wettrennen und ermittelten mit der Sanduhr den Rekord im Höhlenrundritt; und als der Zyklop ein erstes heiseres Brüllen ausstieß, dann ein zweites, geruhte offenbar niemand, es zu hören. Der Riese war bestürzt.

»He du«, schrie er, »Anführer dieser Bande! Wie kommt es, daß du mich im eigenen Hause beleidigst?«

»O Zyklop«, gab Odysseus zurück, »zu solch ungelegener Zeit wachst du auf! Nichts wünschen wir mehr, als dich zu achten und zu fürchten. Ein zwingender Grund verbietet es uns und zwingt uns, dich zum Spielzeug zu machen. Ich bin sicher, selbst du Einfaltspinsel pflichtest uns bei.«

»Ich«, heulte der Zyklop, »ich ein Einfaltspinsel! Und weshalb?«

»Wer sagt uns, daß es dich überhaupt gibt, Zyklop? Unseres Daseins sind wir sicher, aber keinesfalls des deinen! Glaubst du denn, ich würde mich unterstehen, dich Einfaltspinsel oder gar Idiot zu nennen, wenn die Welt nicht bloß Schein wäre!«

»Bloß Schein? Bloß Schein? Und was ist Schein?«

»Kameraden«, sagte Odysseus, »singt dem Zyklopen, was Schein ist.«

Also sprach er, und sie sangen die dorische Hymne:

»Nur eine Locke hat der Schein,
eine Locke ganz aus Haaren . . .«

Und sie verwechselten den Schein mit der Gelegenheit, die man am Schopfe packen soll. Odysseus hütete sich indessen wohlweislich, sie zu tadeln. Alsdann erklärte er dem Riesen das Spiel der Illusionen und daß die Materie Geist, der Geist aber das Nichts ist. Und er ließ ihn zwischen gekreuztem Mittel- und Zeigefinger ein Brotkügelchen rollen, und der Zyklop war fassungslos, als er spürte, daß es zwei Kugeln waren. Dennoch war er nicht zu überzeugen.

»Fremdling«, sagte er, »du hast eine flinke Zunge, und was du von der Materie sagst, mag stimmen. Doch wenn jeder nur seines eigenen Daseins sicher ist, weshalb ich dann nicht des meinen? Du wirst mir doch wohl nicht das Recht streitig machen, den erbärmlichen Schein deiner vierundzwanzig Gefährten zu schlachten und zu braten?«

»Du kannst tun und lassen, was du willst«, sagte kalt Odysseus. »Es steht dir frei, dein eigenes Königreich zu schmälern. Der Schein, dem du befiehlst, ist gar nicht so herrlich und so gewaltig! Durch einen Geniestreich hast du dir die vierundzwanzig Ideen von den Griechen zu schaffen vermocht. Es steht dir frei, eine jede von ihnen durch leere Erinnerung zu ersetzen. Du bist doch geizig und würdest bestimmt deine Schätze nicht verschlingen. Außerdem, wie gedächtest du, uns zu fassen?«

»Ich liefe einfach hinter euch her und finge euch«, sagte der Zyklop.

»Daß wir nicht lachen, Zyklop«, versetzte drohend Odysseus. »Hast du noch nie etwas von Raum gehört? Kameraden, singt dem Zyklopen das Lied vom unteilbaren Raum oder vielmehr, weshalb Achilles – wir haben das Experiment schon oft am Strande von Troja gemacht – nie die Schildkröte einholte; oder hältst du dich, du elephantische Masse, am Ende für schneller als des Peleus Sohn?«

So begann für den Zyklopen eine an Foltern reiche Woche. Er verweigerte den Griechen weiterhin hartnäckig die Freiheit, doch jeder neue Tag stahl ihm, durch Odysseus Mund, eine dieser schweren Ideen, die die Falten einfältiger Seelen steifen. So fliegt der volantbesetzte Rock, wenn man ihn seiner Bleikugeln beraubt, beim leisesten Wind in die Höhe und enthüllt die glatten Knie der Frau. Heute hatte Odysseus die Zeit zerstört: und der Zyklop lag am Strand, ohne Vergangenheit und ohne Zukunft, wie ein geborstenes Sandfaß, und der ganze Meeressand schien seiner halbnackten Brust entflossen. Am Abend kam der Raum an die Reihe, jener Raum, den die Philosophen gern wie einen Tisch mit Ausziehplatte für Gäste, für jeden ihrer ernsthaften Leser mit einer eigenen Dimension versehen: und der Riese, der sich verpflichtet glaubte, unteilbare Schritte zu machen, setzte den Fuß, einem Rückenmarksleidenden gleich, weit vor und lief selbst dem schwächsten Lamm nicht mehr nach. Oder aber der König von Ithaka nahm ihm den Glauben an die Farben: und, fast als hätte er Trauer, tauchte seine Leichtgläubigkeit – Odysseus hatte ihm nämlich nicht verraten, daß Schwarz eine Farbe ist – alles, was er am zärtlichsten liebte, seine weißen Schafe, seine fuchsroten Widder, in düsteres Schwarz. Er glaubte jetzt an Träume, und sein Leben zerrann in der Nacht wie das Wasser in einer schlecht zementierten Zisterne. Dann brachte ihm Odysseus Trugschlüsse bei, erklärte ihm, das Universum beruhe auf Zahlen, und der Riese sah jedes Ding auf kleinen Ziffern dahinrollen wie auf Ameisenrücken. Schon fing er zu stottern an, stieß bei jeder Bewegung an die Höhlenwände, und wie ein Kind hatte er nur mehr die Sorge, seine Ideen zu nähren.

Er magerte ab, stopfte die Griechen jedoch mit Butter und Käse voll, und seine Schafe, die bei jeder Gelegenheit gemolken wurden, magerten ebenfalls ab, denn sie waren sein Fleisch, die geliebten Schafe, und keine undankbaren Ideen.

»O Glückseligkeit«, riefen Odysseus' Gefährten. »So großzügig war noch keiner unserer Meister! Erinnert ihr euch, daß wir einen ganzen Monat die Ideen der Zikonier waren und nur Wasser und Brot erhielten? Oder daß wir eine Woche die Ideen der Meladostöchter waren, die uns jeden Morgen frisch rasiert wollten!«

Schließlich ertrug es der Zyklop nicht mehr länger ...

»O Fremdling«, flehte er, »gib mich frei!«

»Gib uns frei, Zyklop«, antwortete Odysseus, »und du bist es ebenfalls.«

»Niemals«, schrie Polyphem. »Entweder ihr bleibt meine Ideen, ich nähre und behalte euch, oder ihr seid es eben nicht mehr, und ich fresse euch.«

»Wie du willst«, sagte Odysseus. »Kameraden, singt dem Zyklopen die Hymne, die da überschrieben ist:

»Die schlimme Seite des Zyklopenlebens.«

Und so erhoben sie sich und sangen diese aufregende Hymne:

»Wie ein Vogel, der blind zwischen Wolken irrt, weiß ich nicht mehr, wo der Himmel ist, wo die Erde ist, wo die Wogen sind. Von Galateas Herzen trennen mich die Leere, die Unendlichkeit und das Nichts. Von Galateas Augen trennen mich der Äther, die trügerischen Prismen, der Raum, den nichts zu füllen vermag. Von Galateas Gedanken trennen mich die Ewigkeit, das Unbekannte und die Urnebel. Die drei Hände der Zeit, Gegenwart, Vergangenheit und Zukunft, spielen behende mit Galateas Händchen. Galateas Lippen ...«

»Haltet ein, haltet ein!« schrie der Zyklop. »Ich schwöre, euch nicht zu töten, aber gebt mir wenigstens eine Arznei!«

Odysseus heftete den Blick auf das Auge des Zyklopen und sprach schielend:

»Eine Arznei, Zyklop? Es gibt nur eine: dort wieder anzuknüpfen, wo wir das Abenteuer unterbrochen haben.«

»Ich soll euch also töten?«

»Du hättest uns nicht getötet«, gab Odysseus zurück, »denn meine Schlauheit wachte. Während du nämlich, von Elpenors Droge oder vom Pfahl geblendet, auf Rache gesonnen hättest, hätten deine hungrigen Schafe zu blöken begonnen. Deine Hand hätte den Felsblock entfernt, der die Höhle verschließt, und die Schafe wären ins Freie gestürzt. Du hättest zwar einem nach dem anderen liebkosend über den Rücken gestrichen, doch meine Gefährten wären, an ihrem Bauche hängend, unbehindert vorbeigelangt. Ich selbst hätte mich an die Wolle deines schönsten Widders geklammert, du hättest ihn angehalten und zu ihm gesagt (hör gut zu, denn du wirst es noch einmal sagen müssen!): ›O Widder, mein Freund, du, der du jeden Morgen als erster zu den Weiden eilst, ob du wohl mein Unglück ahnst, da du heute als letzter ziehst!‹«

»So verschwindet doch«, sagte der Zyklop. »Adieu!«

»Wir verschwinden auf keinen Fall«, rief die Mannschaft im Chor. »Allein die Feigen wagen zu fliehen, ein trauriger Mut! Zuvor wollen wir unsere Körper aus den Winkeln der Höhle hervorholen, wo wir sie an jenem Abend ließen, als du uns zu deinen Ideen machtest! Geben die Götter, daß unsere sterblichen Hüllen noch in gutem Zustand sind!«

So sprachen sie und kauerten sich in die Ecken der Höhle, um ihre Taschen mit Käse und Früchten zu füllen. Vollbeladen klammerten sie sich an die Schafe und verschwanden ins Licht ... Wie die Träume ...

Der Zyklop betastete jetzt den Rücken des großen Widders, nicht ohne noch rasch mit der anderen Hand zu versuchen, Odysseus als letztes Lebewohl über das Gesicht zu streichen. Doch der Held wandte verachtungsvoll den Kopf ab. »Verfolge uns«, befahl Odysseus, als er in angemessener Entfernung war.

Der Zyklop verfolgte sie ohne allzu große Eile, denn, vom Tage geblendet, stießen sie gegen jeden Stein. Bisweilen wandten sie sich um und beschimpften den Zyklopen, um ihm einen überzeugenden Grund für die Verfolgung zu liefern.

Endlich erreichten sie auf Umwegen die Landzunge, wo sie ihr Schiff versteckt hatten. Mit seinen roten Segeln schwamm es auf dem vergoldeten Meer. Es war die erste Vorstellung von einem Schiff, die der Zyklop sich gemacht hatte, und so schaukelte er sie überrascht auf den Wassern und suchte sie von ihrem Spiegelbild zu trennen, das bunt war, wie sie selbst. Nun war die Zeit für ihn gekommen, die Vorstellung der Ruder zu zaubern, der Bramstenge und des Besanmastes, und schon blähte der Wind die Segel.
»O ihr lieben Menschen«, rief der Zyklop, »in einem Augenblick der Versuchung habe ich euch geschaffen, und ich bin weise genug, euch heute zu verjagen! Aber wird es mir nicht leid tun? Ich weine, nie habe ich Herrlicheres gesehen!«
Wenn er so mit ihnen sprach, dann deswegen, weil er sie tatsächlich für seine Ideen hielt.
»Schleudere Felsbrocken nach uns«, rief Odysseus. »Die Strudel werden unser Schiff vom Ufer lösen.«
»Wie du willst, schönste und listenreichste meiner Ideen!« jubelte der Zyklop.
»Bitte deinen Vater, er möge uns guten Wind bescheren!«
»Ich werd' ihn bitten, o bärtigste meiner Ideen!«
Schon waren die Griechen außer Reichweite. Da ließ Odysseus sechs Männer ihre Hände als Schalltrichter vor seinen Mund legen und rief:
»O Zyklop, blöde Masse, deine Dummheit kennt keine Grenzen, wie deine Häßlichkeit! Glaubst du denn, die Vorstellungen eines Flegels könnten Griechen sein,

und dem Hirn des Zyklopen könnte die Idee eines Odysseus entspringen, ohne daß es davon birst? Denn in deiner Dummheit hast du jetzt nichts anderes zu tun gewußt, als Odysseus und seinen Gefährten die Freiheit zu schenken. Erwarte keine Annehmlichkeiten mehr in deinem Hirtendasein, denn wo wir den Fuß hingesetzt haben, wächst über den Seelen kein zarter Rasen mehr!«

Alsdann riefen die Matrosen ihre wahren Namen und bliesen die grotesken Körper ihrer Decknamen in alle Winde. Von nun an waren sie Eurylochos und Perimedes, Orkeus, Piselontes und Elpenor, waren sie allesamt Glieder vom wahren Körper der Odyssee. Und jeder von ihnen warf dem Zyklopen Schimpfworte zu ...

Man sollte seine Ideen immer bei sich behalten wie seine Herde, dachte der Riese. Sobald sie sich entfernen, werden sie zu Barbaren und beleidigen einen.

Als das Meer kein Spiegelbild mehr hatte, die Erde keine Echos, stieg er traurig zu seiner Höhle hinauf. Er war ganz durcheinander nach dieser närrischen Woche. Plötzlich kreuzte ein hinkendes Lamm seinen Weg und lief vor ihm her. Gerührt wollte er nach ihm greifen, mühte sich aber einen langen Augenblick vergeblich, da er gegen seinen unteilbaren Schritt zu kämpfen hatte und jedesmal über das Ziel hinausschoß. Schließlich war das Lamm gefangen, und der Zyklop seufzte, war ihm doch, als hätte er, ein Opfer noch der Zauberei, das Schäflein nicht in seinen Armen gefangen, sondern in seinem Herzen. Er beobachtete es aus der Nähe, beugte sich über seine Lippen, aber unversehens, wie ihre

Augen einander fast berührten, sah er, daß es ganz weiß war. Er gewahrte grüne Augensterne, schwarze Hufe. Vor Freude machte er einen Luftsprung: er hatte die Farben wiedergefunden. Er hüpfte umher: O Wonne! Sein Kopf stieß nicht mehr an den Himmel, der jetzt ganz blau war; er hatte nicht länger mehr unter seinem Schatten zu leiden, der jetzt violett war. So geschah es, daß er eilends seine Schafe molk. Tränen der Hoffnung rannen über sein Gesicht. Sie fielen in den Eimer, wo sogleich die Milch gerann, und an diesem Tage machte er seinen köstlichsten Käse.

DIE SIRENEN

Die Ruderer waren unter die Bänke gerollt. Trunken vor Müdigkeit ließen sie das Schiff treiben – denn über zwanzig Jahre hatte sich das trojanische Festmahl hingezogen. Sie seufzten leise und kauten, um Hunger und Durst zu betäuben, an kleinerem Takelwerk. Sie waren entschlossen, nie wieder im Leben sich vom Fleck zu rühren.
Da ließ der listenreiche Odysseus den Perimedes zum Mahle blasen, und alle sprangen auf beim Klang der Trompete. Nur einer fehlte: Elpenor, der sich bei den Lotophagen das Rauchen angewöhnt hatte und kraftlos im Zwischendeck lag . . .
»Was für ein herrliches Mahl harret unser!« riefen die Matrosen. »O Odysseus, was verheißt uns nicht alles deiner Trompete Versprechen, wenn du schon hältst, was dein Schweigen verspricht! Sieh nur, der Hunger ist uns vergangen, o Sohn des Laertes, denn köstliches Wasser füllt unsern Mund!«
So sprachen sie und schlugen mit ihren Löffeln auf die Schilde, denn seit der Belagerung gab es keine Teller geringeren Umfangs mehr.
»Schade«, sagte Odysseus, »die Trompete hat tatsächlich zum Mahle geblasen, nur galt sie nicht euch. Sie rief zur Tafel die Ungeheuer, an denen uns heute der rollende Teppich des Meeres vorbeiträgt. In etwa einer Stunde werden wir in Reichweite der Sirenenstimmen sein; in einundeinhalb Stunden in der Breite der göttlichen Scylla, der gemeinen Hündin; in zwei Stunden, wenn wir überhaupt noch am Leben sind, im Angesicht der stinkenden Charybdis, der göttergleichen.«

Die Begeisterung der Mannschaft kannte keine Grenzen:
»O König von Ithaka«, riefen sie aus, »haben wir es nicht gesagt? Du übertriffst selbst das eigene Versprechen.«
Doch Odysseus wies ihren Lobspruch zurück:
»Teure Gefährten«, seufzte er, »sechs von euch, die sechs wackersten, meine Favoriten, werden sogleich von den Sirenen verschlungen . . .«
Sie nahmen die unglückselige Nachricht ohne Zittern entgegen:
»Wie schade!« riefen sie einstimmig, »weshalb sind nicht wir diese sechs deiner Gunst? Es ist süß, für die Rettung der Brüder zu sterben! Doch, o göttlicher Odysseus, zu Unrecht beehrst du mit deiner Vorliebe uns. Hast du nicht, der du Achilles in Weiberkleidern aufgestöbert, weibische Seelen unter unseren Rüstungen zu entdecken gewußt? Ach, warum sind wir so feige! Laßt sie uns wenigstens mutig bekennen, unsere Feigheit: Wir wollen uns also bescheiden und lieber nur dem Gesang der Sirenen lauschen. Sagt man doch, Musik betäube den Hunger!«
»Nehmt euch wohl in acht!« widersprach des Laertes Sohn. »An den Mast gefesselt, werde allein ich an ihrer kläglichen Lockung mich freuen. Ihr andern müßt rudern, die Ohren mit Pfropfen aus Wachs verstopft, falls dergleichen sich findet.«
»O Odysseus«, riefen erneut die Matrosen, »es genügt, den zahlreichen Bienen zu ihrer Wabe zu folgen, die ohne Unterlaß auf deinen Lippen weiden!«
So sprachen sie und eilten hinab in die Kombüse, wo sie

in Biskuitdosen die Wachsblöcke verwahrten, mit denen man die Löcher verschließt, die in den Schiffsrumpf die Meerwürmer bohren. Sie kehrten wieder und sahen Odysseus vergeblich die Stricke suchen, die an den Großmast ihn binden sollten. Er fand keine und entbrannte in Zorn.

Da riefen sie: »O Odysseus, es gibt nur noch einen festen Strick – den Strick, den dein Wort um den Hals deiner Zuhörer legt und der sie für immer zu deinen Gefangenen macht!«

Dennoch stoben sie davon, um die verstreuten Reste Takelwerks, ihre einzige Nahrung, zusammenzusuchen und zu verknoten.

Es war auch höchste Zeit. Denn schon zeichnete sich die trinakrienische Küste ab, wogend und als tauchte sie aus dem Wasser auf. Kaum saßen die Matrosen wieder auf ihren Bänken, als die sechs Köpfe der Scylla, furchtbare Finger einer zu vollkommenen Hand, sich sechs Matrosen erhaschten. Vom Maste aus sah Odysseus sie über seinem Kopfe schweben, und sie grüßten ihn! »Es ist schön«, riefen sie, »als Opfer der Sirenen zu sterben!«

Der König von Ithaka hütete sich wohl, sie aus ihrer Täuschung zu reißen, und tat so, als bedächte er ihr ehrbares Ende mit einem Lächeln. Genauso glauben in den Städten die von einem schamlosen Mädchen verführten jungen Männer bis ins hohe Alter, sie seien Opfer der Liebe selber gewesen. Schande über den, der aus ihrem Irrtum sie befreit! Aber schon überschwemmte Charybdis das Deck, die ganze Trireme mit Blut, Galle und Geifer.

Schließlich erschienen die Sirenen. Eine jede stand auf einem Felsblock und war ganz nackt; jede schwenkte ihr Peplon, einer gestikulierenden und schamhaften Schiffbrüchigen gleich, die sich entkleiden mußte, um den Retter herbeizulocken. Die erste war blond, die zweite braun, die dritte rot: Farben, für die der Sohn des Laertes bei Frauen eine Schwäche hatte, und schon streckte er seine ehrwürdigen Arme nach ihnen aus. Da erhoben sie ihre Stimmen. An diesem Tage jedoch, eher melancholisch gestimmt – wie zuweilen die Dichterinnen, wenn die Dichter sie enttäuschten –, hegten sie kein Haßgefühl gegen die Seefahrer, die Forscher, die Ingenieure. Im Gegenteil, sie entschlossen sich, diesen Ruderern ihre göttlichen Geheimnisse zu enthüllen.

»Lieber Odysseus«, sang die erste, »dreißig Tage und dreißig Nächte wirst du schwimmen, wenn du dein Schiff bis jenseits der Säulen des Herkules führst. An einer länglichen Insel wirst du entlanggleiten, die gerade breit genug ist, daß die feueräugigen Frauen ihre Hängematten darüber spannen können. Du wirst einen neuen Kontinent erreichen, wo rothäutige, mit dreifarbigen Federn geschmückte Wilde auf Krokodilen reiten (die man dort Kaimane nennt), und eines Abends, wenn du die Segel eines Schiffes noch vor seinem Rumpfe erblickst, wirst du erkennen, daß die Erde eine Kugel ist!«

Aber Odysseus vermochte nichts zu hören. Die Matrosen hatten nämlich, um sich die Arbeit auf der Ruderbank zu versüßen, aus voller Kehle das Lob des Katablesischen Tanzschritts gesungen, den, so ihn hungert, die eigenen Füße nähren. Als sie an dem ersten Felsen vorbei waren, befreite jede Ruderbank das dem Odysseus zugewandte Ohr von den kleinen Wachspfropfen.

»O Meister«, riefen sie, »was hat dir die Sirene gesungen? Du hast dich geradezu gewunden vor Verlangen, wie ein Schilfrohr bog sich der Mast . . .«

»Ein göttliches Lied!« erwiderte Odysseus, da er sie nicht enttäuschen wollte. »O Freunde, so vernehmt denn diese bezaubernde Weise:

Odysseus, Kaiser des Lichtes du,
Leuchte der Augen, Herzog der Waldesruh –
So strahlend, so schön und nett,
Nimm mich, die kleine Sirene, ins Bett.

Schnell, Kameraden, verstopft euch wieder die Ohren, da naht schon der zweite Felsen!«

»Lieber Odysseus«, sang nun die zweite Sirene, »leg dich einmal unter den Apfelbaum und sieh, wie die Äpfel fallen. Vielleicht geht dir ein Licht auf. Vielleicht gar macht es dir Spaß, Holzkohlenstaub mit einfachem Salpeter zu mischen? Fülle das ganze in ein Bronzerohr mit Löchern an beiden Enden (falls dein Feind fern ist, nimm ein längeres Rohr), füge eine Steinkugel hinzu und entzünde die Ladung vermittels einer Zündschnur.«

Doch der Gesang der Matrosen übertönte ihre Stimme.

»Es ist töricht vom Hungerleider«, riefen sie, »stets über das Essen zu reden! Besser, wir machen die Gedanken frei davon, wie den toten Ochsen von der großen Lunge, den nahrhaften Lebern und dem zahl-

reichen Gekröse. Keine Anspielungen mehr in den Liedern auf die Feigen, die wie purpurgefüllte göttliche Parasiten an Bacchus zerspringen, auf die schwarzen Trauben, die in den Spalieren hängen wie künstliche Kugeln. Kein Wort im übrigen über die Fische. Und was Wein und Honig, Schlagsahne und Dickmilch betrifft, so schwören wir, o Kameraden, daß wir dergleichen nie gesehen ... Aber sind wir nicht an zwei Felsen vorbei, o Odysseus? Was hat die zweite Sirene zu dir gesagt? Deine Augen schwammen in Tränen, mit den Nägeln hast du dir die Brust zerfleischt ... Wollte sie etwa deinen Ruhm beflecken?«
»Nur meine bescheidene Seele«, erwiderte Odysseus. »Zudem ging sie mit Arglist zu Werk: sie war eben blond. Hört, hört nur, wie sie durch die Blume Lob zu spenden versteht:

Ich verachte, was ich teuer heiße,
was göttlich, ekelt mich!
Ach, wer bist du, den ich preise,
gemein und vergänglich!«

»O Odysseus«, rief im Chor die Mannschaft, »wie konntest du diesem Madrigal widerstehen! Ach, laß uns, laß uns doppelte Knoten in deine Stricke machen!«
So sprachen sie und verschlossen erneut die Ohren, denn schon drehte sich schimmernd, den Lichtern des Leuchtturms gleich, die dritte, rothaarige Sirene auf ihrem Felsen.
»O Odysseus«, sang sie. »Willst du, daß deine Heldentaten unvergänglich seien? So erfinde Zeichen und laß sie das Bild von Worten oder Silben sein. Grabe sie,

spiegelverkehrt natürlich, in eine Tafel aus Holz oder Kupfer ein, bestreiche das Ganze mit schwarzem Öl und presse diesen Druckstock auf ein Gewebe. Falls du Rache üben willst an Achill, gib auf dem Metall seinen Namen nicht wieder, und die Ilias wird unbekannt bleiben!«

Doch die Matrosen schrien aus Leibeskräften.

»Der kinderfressende Saturn nährte sich auch von gewickelten Grenzsteinen, doch im wechselvollen Lauf der Fluten gibt es nicht einmal das! ... O Odysseus, das rechte Auge trat dir fast aus dem Kopf, und du sehntest vergeblich den Schleier herbei, den der Wind dir entrissen. Sollte diese Rothaarige deinem Schamgefühl zugesetzt haben?«

»Oh, ihr Gefährten«, seufzte der König von Ithaka, der Improvisationen plötzlich müde, »welche Wonne!«

»Glücklich ihr Sirenen«, rief daraufhin berauscht der Chor, »glücklich ihr Sirenen, ihr habt Odysseus als Echo! ... Doch Odysseus, was hat diese Zauberin gesagt?«

»Was sie gesagt hat?« wiederholte Odysseus – aber diesmal fiel ihm nichts ein ... »Sie hat gesagt – sie hat gesagt – sie hat in Assonanzen statt in Versen geredet und ganz einfach gesagt ...

Odysseus
Charybdis
Sirene
Trireme.«

»Welch herrliche Hymne!« rief die enttäuschte Mannschaft.

Odysseus, dem mangels unveröffentlichter Verse die Erinnerung wiedergekehrt war und mit ihr Bruchstükke kleiner Oden, die er von seinem Lehrer gelernt, erachtete es indessen als nützlich für sein Prestige, seinen Mannen einen brillanteren Eindruck zu hinterlassen.

»Ihr habt schon recht, Matrosen«, fuhr er fort, »dieses Gedicht, gibt eine menschliche Stimme es wieder, klingt recht mittelmäßig. Doch glaubt mir, als ich diese Verse hörte, hörte ich in Wirklichkeit gar nicht sie. Die vier Worte der rothaarigen Sirene wurden im Ohr plötzlich zu einem seltsamen Lied, das am Herzen nagte. Jede Silbe sprengte den Riegel zu unbekannten Zeiträumen. Ich fühlte mich fortgetragen aus Griechenland und unseren illustren Zeiten und, über dreitausend Jahre über Länder und Ozeane hinweg, einem unsterblichen Zugvogel gleich, in ein mit Galliern tapeziertes Land versetzt, in einen Marktflecken ohne Präfekt. Eine unergründliche Freude am Krabbenfischen, am Ostereiersuchen auf den grünen Wiesen erfüllte die Seele mit sterblicher Regung! Hört euch nur dieses kleine Werk an, so überaus modern klingt es, so irreal und leuchtend aus Strahl und Widerschein gefügt scheint es, daß man seinen Lobpreis nur in Worten aus dem Bereich der Optik singen kann . . .

> Bellac, die Erinnerung –
> Klosterverlorenheit,
> Der Pferdebus in der Dämmerung,
> Der See (ohne Wirklichkeit!)

Und eine weitere Szenerie:
Der Herbst als ein Hornist
Spielt seine Melodie,
Die lautlos ist;

Der Sommer, Marktbetrieb;
Tante Solange und der Gast,
Der zum Essen blieb,
Doch nichts ißt – was sie haßt;

Eine Jugend – die ohne Anmut blüht –
Der es dennoch gelingt,
Daß sie aus verdorrtem Gemüt
Dieses Weinen zwingt!«

»Welch ein Reflex! Welch ein Prisma! Welch ein Brennpunkt!« riefen die Matrosen, die Odysseus' List wohl durchschaut hatten. Da sie wußten, wie sehr er vor allem dann sich freute, wenn er seine Epigramme anzubringen vermochte, beschlossen sie, ihm zu schmeicheln ... »Aber, o König von Ithaka, wurde dieses zweite Lied, kaum daß es über die Seele sich gebreitet und auf heftige Ablehnung stieß, dem Spiegelbild eines Spiegels in anderen Spiegeln gleich, nicht zum Gelächter der Sirene? Glaubte man nicht, spöttisch tändelnde Verse zu hören?«
»Genauso ist es, ihr listigen Griechen«, gab Odysseus zurück, der in die Falle gegangen war, »man glaubte ein Epigramm zu hören! Die Sirene hielt sich an der plumpen Tänzerin schadlos, die ich einst im Théâtre de Colonne zu sehen Gelegenheit hatte und unter der die

Bretter ächzten: das ist eben der alte Haß zwischen Sängerinnen und Ballett. ›Warum‹, sagte sie:

›Warum hat Eva, die Tänzerin,
Nichts mit Colonne im Sinn? –
Warum sie diese Bühne nicht erwägt?
Weil die Akustik sie erschlägt!‹«

Aber schon kämpfte die Mannschaft mit dem Schlaf. So erschöpft waren sie, daß sie darob vergaßen, Odysseus die Stricke, ihre letzte Mahlzeit, abzunehmen und sich das Wachs aus den Ohren zu lösen. Das Schiff trieb dahin und hatte keine Ohren mehr für die Wogen. Einzig Odysseus hatte der Muße genug, den schrecklichen Stimmen des Ozeans zu lauschen, jener vierten Sirene. Glücklich, gefesselt zu sein, als ob er sich schuldig gefühlt hätte, verachtete er plötzlich die Dichter, die sich rühmen, die Musen zu hören, und deren Ohren voll sind vom Geschrei der Menschen.

»Immerhin«, sagte er, »habe ich sie gesehen . . .«

Alles Land war verschwunden; das Licht der untergehenden Sonne überflutete die ganze Steuerbordseite des Schiffes, die rechte Seite der Matrosen, wo diese die Sirenen gestreift. Wie auf einem weißen Arm, der an die Brennessel rührte, war von den Sirenen nichts weiter mehr zu sehen als ein paar rote Flecken. Das Heck war nur mehr Schmutz, der Bug nur mehr Blut. Die Segel hingen schlaff, besudelt mit Schlamm und Gischt . . . Da geschah es, daß Elpenor, dessen Pfeife abgebrannt war, das Zwischendeck verließ. Obwohl Sturmwinde wieder und wieder das Schiff anfielen, lächelte Elpenor, der sich kaum auf den Beinen zu halten vermochte. Er lobte den Himmel, daß er einen so ruhigen Tag, einen so friedlichen Abend erteilt habe, und während seine Augen nach vorn zum Steuerrad schweiften, dachte er:

Das liebe, das schöne Schiff! Ach, wie sauber es ist, blitzblank alles! Was würde sich die Hausverwalterin, unsere Kusine Euryklea, die Tochter des Ops, aus dem Geschlechte der Pisenor, freuen, wenn sie es betrachten könnte!

ELPENORS TODE

»Heißblütiger Odysseus«, meldete die Nymphe Ekklisses, die Kammerfrau der Kirke, »seht draußen den Tag, er ist schön wie die Nacht. Doch meine Herrin ist noch nicht bereit. Frühstückt einstweilen, ohne sie.«
»Ich hoffe«, sagte Odysseus, um etwas zu sagen, und nicht, ohne zu lächeln, »sie fühlt sich wohl«, denn er liebte an Ekklisses die stets unglückliche Wahl ihrer Epitheta und Metaphern.
»Herrlicher Odysseus«, entgegnete die Nymphe indigniert, »die aufgehende Sonne, die dem Einhorn gleicht, fühlt sie sich unwohl?«
»Nein, gewiß nicht!« antwortete Odysseus.
»Die Sichel des Mondes, der wie ein Maulbeerbaum voller Seidenwürmer am Himmel steht, fühlt sie sich unwohl?«
»Es geht ihnen bestens«, antwortete Odysseus. »Doch habe die Güte, Ekklisses, meine beiden Fouriere zu rufen. Du wirst sie auf meinem Schiff finden, und ich sehe an deinen Füßen, daß dir der Weg dorthin vertraut ist.«
Keine Frage, die Glimmerblättchen an den rosigen Füßen der Ekklisses schimmerten wie die Scherben auf den Wegen der Schrebergärten in der Vorstadt. Oder auch wie eine Statue, die der Gießer aus der Hohlform gelöst, wo eine Mischung Kleie und Kies sie von dem bronzenen Mantel schied. Zwar lief Ekklisses heute nicht mehr Gefahr, mit der Erde, der Gußform des Menschen, eins zu werden, doch wurden ihre hübschen Füße unter den Blicken des Odysseus zu Perlmutter, und es war, als ginge sie hinaus, um sie zu verbergen.

Rückwärts übrigens, aus Respekt vor dem Helden und weil sie fürchtete, das Auge des Meisters könnte neben den Schönheitsmalen auch die Sandkörner auf ihren üppigen Schultern erspähen.

Nicht ohne Mitleid dachte Odysseus bei sich, daß es nicht Ekklisses, dieses Kindes, Schuld sei, wenn sie die Männer liebte, gleichen diese doch, wie sie sagen würde, den Göttern.

Auf das Speisebett gestützt, schien er durch den Gürtel der schwarzen Pinien zu blicken, auf der Kirke Meer, das nie Schiffe trägt; doch er sah, durch den dunklen Vorhang seiner Wimpern hindurch, die Wiesen Ithakas, auf denen nie Rosse weiden. Sodann nahm er, dem Sänger gleich, der in die Saiten seiner Lyra greift, nachdem er aus Höflichkeit die jungfräuliche Tochter des Gastgebers darauf spielen ließ, zum Spaß oder aus Pflicht, die Metaphern der Ekklisses wieder auf und spannte sie bis zum Zerreißen.

»Sieh dort, die aufgehende Sonne«, murmelte der traurige Odysseus vor sich hin, »rund und rot wie ein Auge. Jetzt ist sie ganz gelb mit einem weißen Hof wie ein Ei. Und hier die Sichel des Mondes, deren obere Hälfte purpurfarben den Hang des Hügels überragt wie die Fangzähne des Panthers die mit Perlmutter gefütterten Lefzen. Und ich, Odysseus, zerstöre, Penelope gleich, jede Nacht auf dem Lager der Kirke die Pläne, die ich am Tage gemacht. Hört nur, wie sie lacht dort oben, während die Dienerinnen ihren Körper trocknen und hinbreiten wie ein Stück neues Linnen.«

Solches dachte er, und da Kirke noch immer nicht kam,

hielt er der Löwin, die ihn umschlich, den Teller der Zauberin hin, damit sie von der lauen Ambrosia koste. Dann bot er ihr vom Nektar an, doch sie wich knurrend zurück, wie ein Hund, dem ein Soldat ein Glas vorsetzt. Schon rieb Ekklisses, an eine Säule gelehnt, unter einer Sonnenkaskade die schönen, glänzenden Füße aneinander, und Odysseus fühlte sich an die Töchter Sidons erinnert, deren Gewohnheit es ist, die Beine dem kalten Strahl des Springbrunnens darzubieten.

»Hier sind«, meldete sie, »Eurylochos und Perimedes, dem Tiger gleich, dem Löwen gleich!«

Sie grüßten den Helden, Eurylochos rotbraun und putzig wie ein Wiesel, Perimedes munter und ganz schwarz wie ein Biber.

»Göttlicher Odysseus«, riefen sie, »was für einen Rat könnten wir dir geben, dir, der du der Rat selber bist?«

»Ein Reicher«, entgegnete Odysseus, »so groß sein Reichtum auch sein mag, hat stets nur die eigenen Schätze. Der Gehörnte – so häufig seine wachsame Frau auch schwach geworden sein mag! – hat stets nur die eigene Schande. Der Weise jedoch hat nicht nur die eigene Weisheit – auch die der andern. O ihr beiden, gebt mir jetzt die Worte und Bilder zurück, die ich euerm Auge und Ohr, zwei Sparbüchsen gleich, tagtäglich anvertraute!«

So sprach er, und sie schüttelten bescheiden die halbkahlen Schädel, von denen nichts fiel als ein Schimmer, matter als der eines alten Spiegels.

»Wie ihr wißt«, fuhr Odysseus fort, »stechen wir heute

abend in See, und das Ziel ist kein liebliches Gestade. Unser Weg führt in die Unterwelt, wo Teiresias mir verkünden wird, daß künftig nur eine einzige Insel, die des Phoebus, uns verderben kann. Bucklig ist sie und rund, seine Herden weiden auf ihr, in gerader Linie von der Mitte zum Strande verstreut, um einen Schritt langsamer grasend, wie sie vom Meer sich entfernen; in der Mitte der Bulle dreht sich auf der Stelle. Wir fahren im Abenddämmer, damit die Matrosen nichtsahnend aus der Finsternis der Nacht in die Finsternis des Erebus hinübergleiten. Doch Kirke, die unsere Reise zu billigen scheint, hat beschlossen, gerade die Mächte aufzuwiegeln, denen wir uns beugen. Ekklisses hat mir zugetragen, daß in der Speisekammer vierundzwanzig Schalen bereitstehen mit einer Creme, nach deren Genuß jeder von euch sich für einen Gott hält, dazu eine fünfundzwanzigste für mich selber, damit ich mir einbilde, Zeus zu sein; und so der Olymp einen Blick auf die Erde wirft, wird er das verzerrte Abbild seiner selbst erblicken. Geht auf dem Rückweg in die Speisekammer, nehmt die Schalen und werft sie ins Meer. Falls die Delphine oder die Drachenköpfe sich daran berauschen, geht es zu Lasten Neptuns, und der ist unser Feind.«

»Göttlicher Odysseus«, riefen die Berater, »ein Narr, wer sich zum Gott erheben will. Zeit unseres Lebens werden wir rufen: Ein Narr, wer unsterblich sein will!«

Schon wollten sie schnurstracks zur Speisekammer eilen, doch der König von Ithaka hielt sie zurück.

»Einen Augenblick, meine Freunde. Jetzt ist der

Zeitpunkt gekommen, da ich euerer Weisheit bedarf: Was denkt ihr von Elpenor?«

»Was denkst du von ihm, listenreicher Odysseus? Wir sind schlau und möchten keine Meinung äußern, die nicht aufs Haar der deinen gleicht.«

»Offenheit allein gefällt mir«, sagte Odysseus, »ich kann Elpenor nicht ausstehen. Sprecht, wie euch der Schnabel gewachsen ist.«

»Wir können ihn nicht ausstehen«, erwiderte lebhaft Eurylochos. »Der Pfeil, der Philoktet am Knie verletzte, drang ihm in die Brust. Ein trauriges Zeugnis für seinen Atem! Seine Beine sind krumm, und wenn er läuft, ist es, als ob die Kugel des Atlas dazwischen rollte. Ganz zu schweigen vom Glimmer, der ihm des Morgens wie Glatteis auf Glatze und nackten Schultern schimmert. Und du, Perimedes, dessen Körper weniger gefällig ist als deine Seele, was denkst du?«

»Ich weiß«, antwortete bedächtig Perimedes, »weder was du, göttlicher Odysseus, von ihm denkst, noch was Eurylochos von ihm denkt ... Ich für mein Teil jedenfalls kann Elpenor nicht ausstehen! Dies nicht allein, weil er feige ist. Ein mutiger Taschendieb oder ein mutiger Lügner wären Heuchler. Aber nach achtzehn Jahren verwechselt er noch immer Backbord mit Steuerbord; und wenn ich den Ruderern befehle ›Ruder frei‹, läßt er jedesmal das Ruder fahren und springt ins Wasser. Im übrigen ist er beim Diskuswerfen stets der Letzte, und was den Zweikampf anlangt, so zwingt er nur die träge Ekklisses auf den Rücken. Wenn am Strande der Schatten des großen Feigenbaums sich einmal gedreht hat, sehe ich den Abdruck ihrer Körper im mittagheißen Sand, verschlungen wie zwei unscharfe Initialen. Doch die Weiber sind so beschaffen, daß ein Gebrechlicher sie erweicht und die Schwäche allein sie besiegt!«

Also sprach der neidische Perimedes und baute, dem Biber gleich, den Fluten seiner Bitterkeit einen festen Damm. Aber Odysseus unterbrach ihn.

»Lassen wir Ekklisses aus dem Spiel, o Perimedes. Wenn ich jedoch mit meiner Seele zwinkere wie mit einem kurzsichtigen Auge, um alle Gedanken verjüngt und deutlicher zu sehen, und wenn ich auf dem Grunde meines Gedächtnisses wie in einem hohlgeschliffenen Smaragd das verkleinerte Meer mit seinen Schiffbrüchigen und unserm nie enden wollenden Abenteuer rollen lasse, ist mir, als spielte darin nicht das Schicksal, sondern Elpenor die entscheidende Rolle. Er steht an der Quelle des Unglücks von uns allen. Die schlechtgelaunten, abgerichteten Gespenster von Göttern, zwischen denen wir armen Griechen uns mühsam hindurchschlängeln, stößt er herum wie Kegel und mit einer so vollständigen und beharrlichen Ungeschicklichkeit, daß ich befürchten muß, irgendeinen Narrengott mir zum Feind zu machen, wenn ich ihn ärgere. Denn schließlich, wer hat euch das kochendheiße Wachs in die Ohren geträufelt und euch so laut schreien lassen, daß ihr mir den Gesang der Sirenen übertöntet? Wer zerbrach die Waffen des Achill und gab, um sich zu rechtfertigen, dann vor, sie seien aus Kristall? Wer ist stets der erste beim Weglaufen, der letzte beim Einschiffen, und wer wurde hier auf der Insel als erster in ein Schwein verwandelt und wollte erst dann wieder

Menschengestalt annehmen, als er sich in der Form des Hechts und des Affen versucht hatte, in denen er Zwischenglieder sah?«

»O Odysseus«, rief Perimedes, »es war Elpenor!«

»Unterbrich mich nicht, Perimedes. Ein Ausruf erheischt keine Antwort. Doch wer, frag' ich dich, zwang uns unter dem Vorwand der Übelkeit, die Insel der Zikonier anzulaufen? Ein Gefährte des Odysseus und seekrank! Wer pries uns ein Gestade, angeblich bewohnt von seinen Verwandten, den artigen Töchtern des Melados, und das voll war von furchtbaren Lästrygonen? Wen überraschten wir in der Höhle des Zyklopen, wie er Nadel und Faden hervorkramte, um die Lider des Riesen zu vernähen?«

»Es war Elpenor!« konnte Perimedes sich nicht verkneifen zu schreien, dann schwieg er, unter dem drohenden Blick des Helden.

»Aber jetzt«, schloß Odysseus, »habe ich es satt! Heute nacht werden wir in der Unterwelt sein, und es gibt da unten zwar nichts zu zerbrechen, an nichts sich zu stoßen, doch eine innere Stimme sagt mir, daß Ungeschicklichkeit im Reiche der Schatten etwas noch Ruchloseres ist, denn weder Lärm noch Schaden sind das Lösegeld. Es darf nicht geschehen, daß Elpenor sich einschifft, und ihr beide . . .«

Doch plötzlich erschien Ekklisses, nackt, und offenbar so außer sich und verschreckt, daß sogar die falschen Metaphern sich ihrem roten Mund versagten und Odysseus erzürnt innehielt.

»O Meister!« seufzte sie. »Meine Arme fallen wie, wie . . .«

»Früchte«, vollendete rasch Odysseus. »Was ist los?«
»O König von Ithaka, ich bin verloren, verloren wie, wie . . .«
»Ein gefallenes Mädchen«, vollendete Odysseus, »ein Schlüsselbund. Und weiter?«
»Zwei der Schalen sind verschwunden, o Odysseus! Zwei deiner Gefährten werden sich für Götter halten und ihre rachsüchtigen Kollegen beleidigen!«
Odysseus erbleichte.
»Du, Perimedes«, befahl er, »nimm Elpenor fest und bring ihn in Sicherheit. Wenn jemand schuldig ist, dann vor allem er. Aber wir, lieber Eurylochos, machen den zweiten Sünder ausfindig und verhindern, daß er Unheil stiftet.«
Denn wenn seine Seele in Bewegung war, hatte er keine Hemmungen mehr, das Personalpronomen als Inversion zu gebrauchen.
Schon hatte Eurylochos seine vierundzwanzig Matrosen in zwei Reihen antreten lassen, und Odysseus betrachtete einen nach dem andern mit gespannter Aufmerksamkeit. Er spähte nach jenem Wölkchen in ihren Blicken, nach jenem Hauch, in dem sich die Gegenwart der Götter verrät, wie nach Bläschen, die das Kochen des Wassers anzeigen. Oder aber er beugte sich über eine verdächtige Stelle an ihrem Körper, eine Narbe oder ein Muttermal, wie ein Experte, der die Signatur eines Bildes sucht.
O Zeus, dachte er, vergib mir! Du siehst, ich bin unfähig, den Schuldigen zu finden. Nicht daß ich glaube, diese Männer seien des göttlichen Stempels bar.

Im Gegenteil! Sie sind zwar heruntergekommen durch fünf Jahre des Leidens, des Hungerns und Schmausens; das Rollen der ödesten Meere, die Wanderungen durch die steinigsten Länder haben sie gestampft und hart gemacht wie Säcke voll Salz. Du siehst ja selbst, sie haben ihren geistigen und kulturellen Tiefstand erreicht. Und dennoch ist keiner unter ihnen, von dem ich zu behaupten wagte: Du, mein Freund, du bist kein Gott!

Er wandte sich seinem Fourier zu.

»Nun, mein armer Eurylochos, was hältst du davon?«

»Befühlen wir sie, Odysseus, solcherart erkennt man am ehesten die Götter, ganz zu schweigen von den Göttinnen, denn angesichts des Zaubertrunkes ist es durchaus möglich, daß Venus selbst unter uns weilt.«

Gerade schob er die Hand in den Halsausschnitt des alten Krobus, des Sohnes des Orcheus, der sogleich einen Luftsprung machte, als das Echo streitender Stimmen im Park widerhallte, dann die Stimmen selber, und schließlich erschien Perimedes, Elpenor vor sich herschiebend. Einen seltsamen Elpenor, dessen Rechte nackt war und einen Bogen schwang und dessen linke Körperhälfte einen Umhang aus Tiger- und Pantherfell trug und der im Arm einen Bacchantenstab hielt; auch sein Gesicht bestand aus zwei gegensätzlichen Hälften, die eine strahlend, die andere finster, ganz wie auf den Aushängeschildern der Bildrestauratoren, das rechte Auge hart und rein, das linke scheel und blinzelnd . . .

»Männer«, rief Odysseus, »er hat beide Schalen geleert!«
Indessen jauchzte Elpenor mit dem linken Mundwinkel seinen Kameraden zu, auf seinem linken, mit purpurnen Warzen besetzten Fuß tanzte er Päan, wobei sein rechter Fuß, weiß wie ein Knöchelchen, sich indigniert in der Luft krümmte.
»Ich bin Diacchus!« rief er zum wiederholten Male, »ich bin nichts weniger als Diacchus!«
»O diese perfide Kirke!« wehklagte Odysseus. »Er hat die Schalen Dianens und Bacchus' geleert!«
Schon fiel ein Schatten auf die linke Seite der Matrosen, hell glänzte die rechte. Doch niemand schien dessen gewahr zu werden.
»Ergreift ihn«, befahl der König von Ithaka. »Es sei denn, einer von euch ist seines Schwertes sicher genug und spaltet ihn in zwei gleiche Teile. Wenn schon Vulkan schuldig ward, als er Venus und Mars, im eisernen Netz vereint, dem Gespött der Götter preisgab, welche Strafe wird erst der auf unsere Häupter herabziehen, der dem Auge der Sterblichen die Schamhaftigkeit und den Gott des Weines in den Fesseln menschlicher Haut preisgibt. Ergreift Elpenor, bringt ihn auf das Dach des Palastes und laßt ihn saufen, bis er schläft!«
Eilends gingen sie daran, den Auftrag auszuführen. Sie packten ihn und trugen ihn an den beiden Gliedern seiner linken Seite, da es billig ist, Bacchus zu helfen, und kein Sterblicher die Kühnheit besessen hätte, mit dem Finger die teuren, wenn auch falschen Glieder der Artemis zu berühren.

Sie waren gerade zurückgekehrt, als Ekklisses erschien. Sie vergoß dicke Tränen, die ihr, da sie nackt war, bis zum Knie hinabgerollt wären, hätte sie sie nicht in Gürtelhöhe abgewischt, wo sie sehr reizbar war. Zwischen tausend Schluchzern stotterte sie in einer unbestimmbaren Sprache, in der lediglich die Worte »der Erde gleich« und »weiße Pferde« zu verstehen waren. Der listenreiche Odysseus schloß daraus, daß sie vom Meere spräche und daß die schwarzen, für das Mahl der Schatten bestimmten Widder verschifft wären.

»Vorwärts!« befahl er.

»Ruder frei!« schrie freudig bewegt Eurylochos, der nicht mehr zu fürchten brauchte, daß sich Elpenor bei diesen Worten von der Ruderbank weg ins Meer stürzte.

Doch als der Schnabel der Trireme sich dem offenen Meer zudrehte, die Backbordruder sich erhoben, von der untergehenden Sonne in Röte getaucht, die Steuerbordruder hängend und bleich im Mondlicht schimmerten und das Schiff aussah, als wäre es bewohnt, geschwellt von einem zweifachen Gott, da erzitterten die Lüfte von einem fürchterlichen, gleicherweise menschlichen wie göttlichen, männlichen wie weiblichen Schrei ... Und der scharfäugige Perimedes rief vom Mastkorb herab:

»Elpenor hat sich zu Tode gestürzt, o Odysseus! Als wir die Anker lichteten, sprang er vom Dach!«

Da das Schiff schon in Fahrt war, blieb es selbst Perimedes versagt, Elpenors Blässe und Röte, seine Zartheit und seine Kraft entschwinden und den Körper im Schatten des Todes wieder einheitliche Farbe, gleichförmige Umrisse annehmen zu sehen; wie zwei, bei Tage ungleiche, Bäume am Abend im Spiegel des Sees einander umklammern – und von der Mischung zweier unsterblicher Substanzen blieb nicht mehr als ein armer menschlicher Leichnam.

Schon hatten sie das Land der Kimmerer durchquert, das die Unterwelt wie einen Gürtel umschließt und dessen Bewohner einen Schatten zum Körper und einen Körper zum Schatten haben (Odysseus hatte tausend Schwierigkeiten, ihrem König die richtige Hand zu schütteln). Schon war an einem Gestade, dem keine Ekklisse die Form ihrer Schultern je aufgeprägt, das dicke Blut der schwarzen Widder und Lämmer geflossen. Einem Maulkorb der Opferung gleich, umkrallte der Tod ihre Kiefer, aber als Eurylochos ihnen die Haut abzog, drang ein Seufzer aus der engen Wunde, die fortan ihr einziger Mund war. Hinter Odysseus ein dünnflüssiges Meer mit tiefen Wogenbergen und sich türmenden Tälern, das die Rückseite der Fluten zu sein schien. Vor ihnen Grauen und Nacht, so sehr eins, daß man nicht wußte, wer von den beiden mit dem Szepter des andern regierte. Dort hinten bellten sieben Hunde, und doch war es ein einziger Hund nur. Der Felsblock des Sisyphus zermalmte den Kies mit dem feindlichen Geräusch eines Montagserwachens auf dem Land. Perimedes und seine Gefährten erkannten einander nur mehr durch Tasten und verteilten Honig und Milch aufs Geratewohl. Sie dachten an die Sonne wie schlummernde Zyklopen an ihr Auge und schlugen sich die lichtlose Stirn an.

Plötzlich gefror ihnen das Leben mit dem Mark in den Knochen, denn das leichte Volk der Schatten stieg aus den Tiefen des Erebus herauf. Zu Tausenden kamen sie, getragen von einem biegsamen, seufzenden Wind. Auch der kleinste Lichtstrahl des Lagerfeuers drang bis hinter die formlose Menge. Schemen, denen als einziges erlaubtes Skelett nur ihre größte Tugend oder ihr größtes Laster Gestalt verlieh, die Hoffart, Völlerei oder Torheit. Sie durchdrangen einander, verlockt vom Dufte gebratenen Fleisches. Sie schlugen einander ohne Kraft, sie flehten ohne Stimme, drängten sich um die vierundzwanzig bleichen Gesichter, deren unbeweglicher Schimmer sie erhellte wie die lodernden Flammen. Als sie das Blut gewahrten, brachen sie in ein fürchterliches Geheul aus und stürzten sich darauf, so daß Odysseus sein Schwert ziehen mußte, um sie zu vertreiben.

Zuweilen traf er einen, der sogleich zu zittern begann, die einzige Schmerzensäußerung der Schatten. Und zuweilen gewahrte er, grau und leer wie das Auge, das sich von glänzenden Dingen abwendet und dann auf den hellen Mauern die Erinnerung oder den Schatten sieht, die Bilder der Vettern, der Eltern, die er so lange betrachtet, funkelnd von Leben und Freundschaft, und die er noch immer auf der goldenen Erde wähnte; und Agamemnon; und die ehrwürdige Antikleia, seine Mutter, die Tochter des Autolykos ... Doch Teiresias mußte als erster aus der Grube trinken, und er ließ keinen andern in seine Nähe ...

Dennoch war da ein Schatten, der sich nicht abweisen ließ. Er mied und täuschte das Schwert wie beim Duell.

Zuweilen traf ihn Odysseus; sobald das Zittern vorüber war, griff er von neuem an, ohne Groll, ein Ziel der Verachtung für seine Gefährten. Er kroch, er flog, und plötzlich, sich wie ein Nebelschwaden auf ihn legend, bedeckte er Odysseus' ganzen Körper, bewegte sich durch seine Arme, sprach durch seinen Mund:

»O Odysseus«, sagte er, »erkennst du denn nicht deinen Sohn?«

Odysseus erbebte – und fühlte den Schmerz der Schatten: »Telemach, Liebster«, rief er in Tränen aus, »bist du es denn?«

»Wer spricht von Telemach?« gab der Schatten zurück. »O Odysseus, ich bin Elpenor! Ohne Segel und Ruder bin ich deinem Schiff vorausgeeilt. Voller Ungeduld, dir zu folgen, habe ich mich vom Dach gestürzt, doch ich war sicher, als zweiter hier zu sein, nicht als erster!«

»O Elpenor«, fragte gereizt Odysseus, »o du, der du dort oben allmorgendlich mein Gesicht verdüstertest und jetzt meinen ganzen Körper verdüsterst, verschwinde! Oder was willst du?«

»Was ich will, Odysseus? Ich will, worauf ich ein Recht habe. Hast du vergessen, daß du meinen Leib zurückließest ohne Grab? Was ich will? Ich will, daß du mich feierlich bestattest. Schwöre bei Pluto, daß du darob zur Insel der Kirke zurückkehrst, oder ich lasse dich nie wieder los.«

So sprach er, und schon erblickte Odysseus die Schatten, für die er die unüberschreitbare Schwelle überschritten hatte.

»Ich schwöre dir«, sagte er widerwillig, »aber verschwinde. Fort! Ich sehe den Schatten des Teiresias nahen!«
Bei diesem Namen fuhr der Schatten des Elpenor jäh herum und löste sich von dem erzürnten Odysseus wie vom Hals des zornigen Geiers die schwarze Kapuze.
»Teiresias!« rief Elpenor aus. »Teiresias, der einzige, der Mann und Frau zugleich war und die Verdienste beider Geschlechter beurteilen kann! O Odysseus, stelle mich vor! Das Problem Frau hat mich schon immer beschäftigt . . . Dieses reizende Tier, das man ohne Leine halten kann, dem ein Halsband genügt! Glückliches Ding, aus Rosen und Lilien geschaffen, und rührst du an sein Gesicht, haftet unfühlbarer Puder am Finger, als hättest du einen sterbenden Schmetterling am Flügel gehalten. O Meister, stelle mich Teiresias vor, damit ich wenigstens in der Unterwelt erfahre, weshalb Ekklisses für Rendezvous stets eine Uhrzeit von mir forderte, obwohl der ganze Tag uns gehörte und sie nie pünktlich war.«
»Fort«, befahl Odysseus außer sich, »da kommt Achilles!«
»Achilles, o Odysseus! Achill, den du in Weiberkleidern ertapptest und der Patroklos in Weiberdüfte hüllte? O Odysseus, stelle mich Achilles vor. Bedenk, erst heute morgen bin ich an die Schwelle der Unterwelt gelangt, einsam wie ein Findelkind, das man in einem Torweg ließ. O Meister, mache mich mit all diesen trojanischen Helden bekannt, die auf Streitwagen kämpften und mich häufig genug über den Haufen

rannten. Jetzt gehen sie endlich zu Fuß, wie ich, auf diesem unheilvollen Trottoir. Stell mich ihnen vor! ... Ach, mein Gedächtnis läßt mich im Stich! Sämtliche Eigennamen sind mir entfallen, seit ich aus dem Kriege zurück ... O Odysseus, ich hänge an dir wie der Mantel, den Medea ihrer Rivalin anbot ... Da ist einer ... Stelle mich Medea vor! Und diese große Frau – wie war doch ihre Haarfarbe? Seit dem Kriege behalte ich auch keine Farben mehr im Gedächtnis! Diese Frau, die sich dir in die Arme warf und dich küßte, als wir den Palast der Hekuba stürmten. Stell mich im Notfall Hekuba vor! ... Errötest du etwa meinetwegen? Ich weiß, daß ich dumm war und mißgestaltet und was für ein Getöse zur Essenszeit aus meinem tiefen Munde drang – doch mit Gastmählern ist's vorbei an diesem Ort ... Und was nutzt es, zu sterben, wenn der Schatten der Klugheit und der Schatten der Dummheit den gleichen Abstand hier wahren wie Klugheit und Dummheit dort oben? ... Ich weiche nicht von deiner Seite!«

So kam es, daß Odysseus seinen Gefährten Elpenor selbst Helena vorstellen mußte, und er sah, wie sie dem Matrosen als dem frischesten, noch nach Leben duftenden Schatten zulächelte.

Als Kirke aus dem Palast trat, um Ausschau zu halten nach dem zurückkehrenden Odysseus, stolperte sie über den Leichnam des Elpenor. Es war das erste Mal in ihrem Leben, daß sie einen Leichnam sah, und sie verabscheute diese hefelosen Reste, an denen ihre Macht versagte, wie der Maler die vertrocknete Farbe.

Jedesmal, wenn ihrer Spielzeuge eines, Mensch oder Tier, zu sterben drohte, verwandelte sie es in ein kleineres, aber junges und langlebiges Wesen, so daß der Umkreis des Palastes nur mehr von Schildkröten und Papageien bevölkert war.

Sie wußte auch, daß ein Sterblicher nichts ist, daß jedoch schon die kleinste Erinnerung an einen Toten in einem Landstrich die Spuren auch des größten der Götter beseitigt, so daß die Insel der Kirke wegen dieses vom Dach gefallenen Matrosen Gefahr lief, zur Insel Elpenors zu werden. Und sie flehte Zeus an, er möge dem Leichnam Odem einhauchen, für einige Stunden nur, gerade genug, um damit für hundert Jahre ein junges Krähenleben zu füllen. So würde die Gefahr, die ihrem Ruhme drohte, auf Krähenflügeln davongetragen ...

Zeus zögerte, denn es war das erste Mal, daß er diesen wohlklingenden, aber ruhmlosen Namen hörte. Indessen ließ Odysseus, mit seiner Mannschaft vollzählig aus dem Lande zurückgekehrt, aus dem niemand zurückgekehrt ist oder zurückkehren wird, den gewaschenen und geölten Leib des Elpenor auf den Scheiterhaufen betten und begann mit der Totenrede, die er bei jeder Totenfeier für einen Matrosen auswendig vortrug. Er schmückte den Verstorbenen, so mittelmäßig er im Leben auch gewesen sein mochte, jeweils mit den ungewöhnlichsten Fähigkeiten, schrieb ihm alle Entdeckungen und Verse Unbekannter zu, um die Moral der Überlebenden zu heben. Er sprach mit jener aufrichtigen Güte, die der Anblick eines ohne Hunger nach Leben und selbst nach Luft daliegenden Gefährten einflößt, der sich gestern noch gütlich tat an gebratenem Hammel.

»O Zeus«, begann er, »du, der du Klage darüber führst, daß du dich herabneigen mußt, wenn du von den Menschen anderes sehen willst, als krause undurchsichtige Kugeln, und dessen Blicke gerade an der schiefen Ebene der demütig bittenden Gesichter immer wieder abgleiten, du kannst heute in seiner Gesamtheit und Größe, mit seinen wie die Scheren des Hirschkäfers gebogenen Beinen, den berühmtesten unserer Helden von vorn sehen! O Freunde, haltet noch eine Sekunde die Tränen zurück, die in dicken Tropfen auf seinen geölten Körper rinnen, und ruft Zeus den Namen dessen entgegen, den ihr, unter allen Bewohnern Ithakas, unter allen Griechen, nie und nimmer des Lichtes beraubt sehen möchtet!«

»O Zeus, es ist Elpenor!« riefen im Chor die Stimmen, unter denen, da sie als erste den Olymp erreichte, Zeus die spitze Stimme des Perimedes ausmachte. Er hielt es für gut, mit seinem Donner zu antworten, und zum ersten Male war der Name Elpenors im Rollen des himmlischen Donners enthalten.

So wohnt ein Sandkorn zuweilen in bronzenem Harnisch . . .

»Was Elpenor einst war, o Zeus?« fuhr Odysseus fort. »Frag lieber, was Elpenor nicht war. Er war ein liebevolles Herz in einem Herzen aus Stahl, eine erlesene Seele in einer Hülle ohnegleichen; sein Gaumen enthielt sich der Kalauer kaum so lange wie der Schnabel des Papageis der Worte, ganz zu schweigen von seinem erfindungsreichen Geist! Kein anderer als

er war der Wagner, der den Mistkarren erfand und später, indem er ein Fußgestell dazu baute, ihn in ein Schleifrad verwandelte, und er erfand auch das Bett, die einzige gemeinsame Wohnstatt von Göttern und Menschen. Kein anderer als er war jener Finanzmann, der am Tage der siebenten Goldsammlung auf den Gedanken kam, die Hälfte der Summe in thrakischen Zinsscheinen annehmen zu lassen. Er, der Dichter, war Verfasser der beiden berühmten Verse: ›Meine Seele ist ein Wunder, mein Leben ein Geheimnis‹ und ›Was ist das alles gegen die Unendlichkeit?‹ Und bei dieser Gelegenheit, ihr Kinder, stimmt das Couplet an, das er sang, als er das Trojanische Pferd bemalte. Vergeßt jedoch nicht, uns zuerst das Epigramm vorzutragen, das er dem Herkules an jenem Abend widmete, als der seinen Kampf mit dem nemeischen Löwen schilderte. Der Sohn von Alkmene, obschon ein Prahlhans wie alle Jäger, versäumte nicht, darüber lauthals zu lachen!«
So sprach er, und alle deklamierten, während Perimedes den Takt schlug:

»Herkules – sprecht leiser Genossen! –
Hat den Löwen von Belfort erschossen.«

Dann stimmten sie, matten Tones, jenes Klagelied der Lotsen an, das man in den langen Nächten singt, wenn auf alle Lotsengesichter das Licht ein und desselben Sternes niederrieselt:

»Ekklisses, o Ekklissa,
Bist mit uns allen an Bord,
Wie im Lied der Helena
Fliegst du mit uns fort.

Glatte Spindel, spitze Schere,
Für die Parzen ein Entgelt,
Ach, wenn das schöne Feld nicht wäre,
Wo man ohne Sichel Ernte hält!
Ekklisses, o Ekklissa.«

Alle weinten. An der Schwelle ihrer Nüstern und Augen staute sich der Rauch des grünen Holzes, und es entwich daraus, wie der Dachs aus seinem Bau, ein düsterer Gram.

»Dank, Kameraden«, sprach Odysseus, »und jetzt sagt Zeus noch, welcher Name, wenn uns vergönnt wäre, ihn aus jenem Reich wiederkehren zu sehn, von wo noch keiner der Kriegshelden zurückkehrte, welcher Name aus eurem Munde käme? Ist es der Name des Ajax, der Name des Achill?«

»Es ist der Name des Elpenor!« riefen die Matrosen im Chor, und die Stimme des Perimedes übertönte alle andern.

Solcherart rief Odysseus den Herrn der Welt an, überzeugt, daß sich kein Leichnam zum Leben erwekken läßt, daß das Schicksal unausweichlich ist und daß die drei schrecklichen Mädchen, deren knochige Finger Spindel und Schere führen, unseren Lebensfaden nie zu verknoten oder zur Schlinge zu drehen vermöchten.

Aber Zeus, von soviel Schmerz gerührt, gab dem für immer toten Elpenor das Leben zurück, und der erhob sich vom Scheiterhaufen, das erste Mal im Leben duftend und rein, und die Tage in der Hölle hatten, Tagen im Schwimmbad gleich, nur die eine Wirkung, daß seine Haut weich war und geschmeidig.

Es war geschehen. Er hatte die schöne Hüterin der heiligen Herden, seine Cousine Lampetia, wiedersehen wollen, und den Steuermann, dem er die Reize der Phaetusa, der zweiten Hüterin, verhieß, dazu überredet, nach Einbruch der Nacht Kurs auf die Sonneninsel zu nehmen. So wenig fürchtet der Phoebus, den Dianens Blick gewürdigt! Es war geschehen. Die göttlichen Rinder waren getötet, und obwohl ihr gebratenes Fleisch fortfuhr, in unheilverkündenden Seufzern sich Luft zu machen, verspäteten die unglücklichen Gefährten des Odysseus sich bei ihrer letzten Mahlzeit, erstaunt nur, auf die Dauer, über das Schweigen der unschuldigen Gerichte, wie Schnepfen, Fische und gebackene Gemüseschnitten . . . O weh, der Blitz hatte ihr Schiff zerschmettert: viermal drehte es sich um den eigenen Mast wie im Manöver jenes spanische Schiff, wenn man die Kanonen nicht auf beiden Seiten zugleich abfeuerte; dann versank es, und alle schwammen über dem Abgrund wie Seevögel; zunächst mit dem ganzen nackten Körper, und sie sahen aus wie Schwäne; dann schwammen allein ihre Köpfe, und sie glichen Wildgänsen; schließlich ein paar geöffnete Hände – Meerschwalben; und bald trieb Odysseus allein dahin. Mit raschen Stößen schwamm er zu den Trümmern des Schiffes, und gerade hatte er sie erreicht, als zwei kräftige Arme seinen Nacken umschlangen.
»O Neptun«, murmelte er, »mußt du mich so umklammern. Das ist ein ungleicher Kampf. Du allein hast Grund in diesen Untiefen!«
»O Odysseus«, antwortete eine klägliche Stimme,

»nicht ein Feind umschlingt dich, es ist ein Freund, dein treuester Freund – ich bin Elpenor!«

Der König von Ithaka setzte sich wütend zur Wehr.

»O Odysseus, Sohn des Laertes, Enkel des Arkesius, hab Erbarmen«, flehte Elpenor. Und wie man ein Tau schleudert und wieder schleudert, um die Festigkeit des Haltepfahls am Ufer zu prüfen, so suchte er denjenigen von Odysseus' Ahnen zu erreichen, der ihm Erbarmen gewähren würde. Vergeblich, schien es. Dennoch ließ er nicht ab vom Nacken seines Herrn, denn die sicherste Bleibe auf dieser Welt war für ihn dieser schwimmende Held.

»Laß meinen Kopf los!« schrie Odysseus.

»Ach, Odysseus, gerade diesen Kopf flehe ich an, gerade diesem göttlichen Teil des Odysseus will ich mein Leben verdanken. Wärst du Ajax, ich würde mich an deinen Arm klammern, wärst du Achill, an deine Ferse, und Latona, an deinen Busen. Glücklicher Elpenor, werden hinfort die Griechen sagen, wie Pallas aus Zeus entstand, so ist er unter dem Hammer des Sturmes aus dem Haupte des Odysseus, aus dem Hirn gar von Hellas entstanden – ganz nackt.«

Odysseus schwanden die Kräfte, und wie das Nilpferd, auf dessen Rücken die Vögel schwelgen, um auch den letzten zu verjagen, seine schweren Nüstern taucht, so tauchte er und trennte sich von seinem letzten Matrosen, wie er glaubte, für immer . . .

Doch schon hatte Elpenor seine beiden Knöchel gepackt.

»Rette mich, Odysseus«, klagte er, »oder lehre mich

schwimmen! Rette mich, oder ich presse deine Beine zusammen wie die Bügel einer Schere und hindere dich, das schaumige Laken zu schneiden. O Meister, du hattest recht, und ich begreife deinen Zorn! Gerade die unwürdigsten Teile deines Körpers beschwöre ich, mich zu retten: deine Zehen, deine Sehnen ... So würde ich mich an den Kopf des Ajax, an den Busen des Achill, an die Seele des Thersites klammern ...«

Seine Stimme begann Odysseus zu rühren. Da ihm durch Orakelspruch offenbart war, daß er eines Tages nach Ithaka zurückkehren werde, und zwar allein, gestattete er sich, diesen Unglücklichen zu beklagen, dem nach dem Orakel der Tod sicher war.

»Armer Elpenor«, keuchte er.

»Ach, guter Odysseus!« schrie, vor Freude schier überströmend, Elpenor.

»Tapferer Elpenor«, fuhr Odysseus fort.

»O heißgeliebter König, mein einzig Leben!« rief Elpenor erstickend vor Dankbarkeit.

»Armer dicker Elpenor«, fuhr Odysseus fort.

»O Tor meines Herzens, o Knöchel meiner Seele!« schrie Elpenor, der in seiner Freude nur noch Liebesworte fand.

Doch von den Schmeicheleien des Schicksals irregeführt, hatte er in seiner freudigen Erregung die Arme geöffnet, Odysseus, seinen Halt, verloren und versank in den Fluten. Er fiel schnurgerade wie ein Stein, und die Freude wog schwerer in ihm als das Fleisch der göttlichen Rinder in seinen Gefährten. Über dem Abgrund, der ihn verschlang, breitete sich, da man ihn für die Totenfeier mit dickem Öl eingeschmiert hatte, wie über den harpunierten Ungeheuern des Meeres ein Fleck aus, in den die Sonne Flammenmuster zog. Und Elpenor, der auf Erden eine Quelle der Unordnung gewesen war, glättete plötzlich ein Viertel Hektar sturmgepeitschter Wogen.

Das war die Rettung des Odysseus, der eine Art Floß erreichen konnte. Er kletterte hinauf mit Hilfe eines Bootshakens, dann führte er mit Hilfe eines Taus all jene Operationen aus, welche die Übersetzer, zur Entlastung des Lesers, sich nicht enthalten können, in seemännischen Ausdrücken zu erklären: da das Floß weder über Marsstenge noch über Bramstenge verfügte und man somit nicht brassen oder lenzen konnte, setzte er die Riemen in die Dollen und pullte drauflos: er war gerettet!

Acht Tage war er solcherart gerettet, schwamm er ins Ungewisse, ohne Segel auf einem Ozean und in einem Leben, die so verlassen waren, daß sich nicht einmal mehr eine Metapher mit den Gedanken oder Worten verknüpfen wollte, um sie zu erleichtern. Die Sonne funkelte, einzig der Sonne vergleichbar. Der Mond, nur dem Monde vergleichbar, schimmerte,verblich . . . Hin und her geworfen, geschüttelt, vergoldet am Tag, versilbert bei Nacht, betastete Odysseus zuweilen seine Knöchel, wo Elpenors Hände rote Ringe eingegraben hatten, und bedauerte dieses arme, dürftige und eigensinnige Spiegelbild seines Schicksals wie ein Eichbaum, den ein Sturzbach mit sich reißt, seine kleinen Wurzeln.

ELPENORS LETZTER TOD

Minerva erschien dem Alkinoos.
»Alkinoos«, sagte sie, »ein Sturm wird Odysseus auf deine Insel verschlagen. Er wird ihn in der Nähe des Waschplatzes deiner Tochter an den Strand spülen. Ich wünsche, daß Nausikaa ihn dort in Empfang nehme. Aber niemand soll wissen, wer dieser Schiffbrüchige ist. Gib ihm statt dessen Gelegenheit, sich selbst zu enthüllen und deinen Untertanen im Augenblick der Abreise plötzlich Odysseus vorzustellen. Ich vertraue dir hiermit ein Geheimnis an, von dem nicht einmal die Götter etwas wissen dürfen.«
Also sprach Minerva, in ihrer kalten Sprache, an der weder schmückendes Beiwerk noch Metapher haftet, in der der Ausruf erstirbt, der Schluchzer der Liebe. Es war höchst merkwürdig, daß sie glaubte, solcherart ihren Gedanken Ausdruck zu verleihen, die zart und blühend waren, durchsetzt mit vielfachem ach! oder oh! – etwa so:
»Ach, ich wünsche, daß Nausikaa dort bereit stehe, um ihn am Fuße dieser schrecklichen Schicksalsstufen in Empfang zu nehmen. Ach, wie leidenschaftlich gern sehe ich den ersten Blick des Odysseus nach entsetzlich langer Bewährungszeit auf einem schönen Körper ruhen. Ich liebe das in allen Ehren! Wie leidenschaftlich gern sehe ich des Odysseus Arm, der einen ganzen Tag die Wellen geschlagen, an ein Wesen aus Fleisch und Blut sich klammern. Ich liebe ihn wie einen Bruder! Ach, wie leidenschaftlich gern höre ich ihn nach der Rettung aus Todesgefahr den jungen Mädchen jenen ersten doppelsinnigen Gruß zuraunen, den er sich für einen Schatten zurechtgelegt hatte und der in den

Nackten das Gefühl erweckt, mit einer Badehose bekleidet, und in den Bekleideten, nackt zu sein. Ich liebe . . .« und so weiter.
Doch die Götter sind wie die Menschen. Diejenigen von ihnen, die Stil haben, sind die einzigen, die sich kennen.

Hierauf rief Alkinoos sein Volk zusammen. »Hört zu, Leute«, begann er, »seid ihr alle da?«
Dies war die einzige Eigenart, deren das Volk Alkinoos zieh. Er versammelte sie zwei- oder dreimal am Tage. Er wollte, daß auch dem geringsten Gedanken des Herrschers ein allgemeines großes Beinbewegen im ganzen Volke entspräche. Darum fürchtete man auf der ganzen Insel, er könne auch einmal bei Nacht auf den Gedanken kommen zu denken. Als gute Seeleute fanden sich die Phäaken übrigens willig auf dem Platz vor dem Palaste ein, wie zu einem Rettungsmanöver. Die einen stellten sich in die Nähe des kleinen Cafés, die andern in die Nähe jener Phäakin, die ihnen bei der nächsten Gemütsbewegung Rettungsboot sein würde. Die Veilchen und Narzissen in den königlichen Vorgärten jedoch freuten sich ob dieser Versammlungen, die ihnen als einzige Schatten brachten. Narzissen und Veilchen beeilten sich zu wachsen und in diesem menschlichen Schatten, dem der Geruch der Fische anhaftete, ihren Blütenduft zu verbreiten.
»Alles da«, rief das Volk. »Es fehlen nur die Gefangenen aus den Gefängnissen.«
Das stimmte nicht ganz. Alle, die ihrem Vergnügen nachgingen oder von Berufs wegen beschäftigt waren,

kamen nämlich auch nicht. Es fehlten die Bäcker aus den Bäckereien, die Philosophen aus den Philsophien, die Abwesenden aus der Abwesenheit. Doch der Thron war niedrig, und so konnte Alkinoos nicht sehen, daß die Gruppen in Wirklichkeit nur leere Kreise waren.

»Leute«, sagte Alkinoos, »Minerva ist mir erschienen: ›Alkinoos, mein Freund‹, hat sie zu mir gesagt, ›du, dessen Insel, der einzige Festpunkt im Universum, nackt wie ein Diamant, unauslöschliche Striche in die Augensterne der Götter ritzt, Odysseus wird in der Nähe von Karados' Waschplatz, unweit der Lände des Fischers Attileus an Land gespült werden . . .‹ Wie Minerva es fertigbringt, alle diese Namen zu behalten, ist das Geheimnis der Götter! . . . ›Das Meer wird ihn drei Tage lang durcheinandergeschüttelt haben. Er wird mit dem Schmutz der See bedeckt sein. Daß ja niemand erfährt, Alkinoos, mein treuer Freund, wer dieser Schiffbrüchige ist. Gib ihm nur Gelegenheit, sich selbst zu enthüllen und zur Stunde der Abreise deinen verblüfften Untertanen plötzlich den großen Odysseus vorzustellen, dem du an Schönheit, Weisheit und Körperkraft gleichst. Selbst die Götter dürfen davon nichts erfahren . . .‹ Aber wieso . . .? Was ist denn das? Ich sehe den kleinen Laionos gar nicht unter euch?«

Der kleine Laionos, Sohn einer Kurtisane und eines didaktischen Poeten, war gerade dabei, in einem reizvollen Tal den Gründling zu angeln. Er hatte es eilig, denn da die Hundstage nahten, würde der Sturzbach bis zur Dämmerung ausgetrocknet sein. Und so war dies heute sein letzter Fangtag. Die Pappeln rauschten. Die blauen Amseln flogen von Aquäduktsäule zu Aquäduktsäule. Die zur Erde herniederfallenden Zikaden, die mitten im Gesang der Tod ereilt hatte, erzeugten einen dumpfen Laut, der es gestattete, sie sogleich zu entdecken und ihre Keulen auf die Angelhaken zu spießen. Laionos hatte sich glühende Kieselsteine zurechtgelegt, um seine Fische zu braten. Beim Anblick der sich wie ungleiche Brüste sanft rundenden Hügel umschlang er manchmal mit jenen Armen, die er von seinem Vater hatte, eine Erle und küßte sie. Oder aber, wenn ihn angesichts dieses Wassers, das heute zum letzten Male dahinfloß, Angst ergriff, neigte er das Gesicht, das er von seiner Mutter hatte, über das glasklare Naß und nährte es mit einer Träne. Die Wachen luden ihn mit Gewalt auf einen Karren. Die schönen Gründlinge fielen einer nach dem andern wie Tränen oder Kommas der Trauer hinter dem Zug in den Staub; die Angelrute, die sich festgehakt hatte, vermochte dem Galopp noch eine Weile standzuhalten, und als man den kleinen Laionos auf den Platz geworfen hatte, fuhr Alkinoos in seiner Rede fort.

»O Alkinoos«, rief das Volk, als sein Fürst geendet hatte, »wie recht tust du daran, auf uns als Bewahrer eines solchen Geheimnisses zu zählen! Und außerdem, wem sollten wir es auch verraten, wo doch – wir haben deine weise Methode schon begriffen – dank deiner Voraussicht jeder auf der Insel es besitzt? Das ist keine Neuigkeit mehr, das ist ein Element. Gibt es ein größeres Geheimnis als das All, als die Luft, die uns umgibt? Und erst das Meer, was für ein Geheimnis! Zudem, da auch das Vergessen außerordentlich gut Geheimnisse zu bewahren vermag, vergessen wir es. Das ist beschlossene Sache. Nichts mehr davon birgt von nun an unsere Erinnerung ... Doch«, fügte das Volk hinzu, übrigens allein aus Höflichkeit und griechischem Manierismus und ohne im geringsten auf der Welt zu denken, es hätte vielleicht recht, »fürchtest du nicht, dem Odysseus könnte eine Gefahr daraus entstehen, wenn sein Name plötzlich in dieses absolute Nichtwissen getaucht und einer Atmosphäre entzogen wird, in der jedes Geräusch Echo seines Namens ist? Ist es nicht gefährlich für Odysseus, in dieses odysseische Nichts geschleudert zu werden? Könnte Odysseus nicht am Ende selber vergessen, daß er Odysseus ist?«

So sprach es, das Volk, dann sang es den Hymnus des Geheimnisses. Doch es sang nicht etwa den Hymnus des Frannoainos, dessen dritter Vers ein Scherz ist und Jupiter selbst zugeschrieben wird:

Oh, du, der Liebe Sekretion:
Sekret, Geheimnis du ...

sondern den Hymnus, den Achill einst Penthesilea widmete und in dessen fünftem Vers der Schlüssel zu den Orphischen Mysterien liegt:

So fern von euch, mir selbst noch mehr,
Empfindungslos, die Brust ist leer,
Der Lärm verklingt vor tauben Ohren,
Erwacht, bin ich schon an den Schlaf verloren ...

Daraufhin zerstreute sich das Volk.

Ein alter Mann blieb zurück.
»Das alles ist sehr schön, Alkinoos«, sagte er, »aber wer ist eigentlich Odysseus? Wir sind Inselbewohner, kontinentaler Ruhm erregt unsere Neugier nur wenig. Wenn wir aber gar nichts von Odysseus wissen, so ist es gut möglich, daß wir viele Ungeschicklichkeiten begehen. Man soll vor dem Gehörnten nicht von Aprikosen reden, heißt es in einem unserer Sprichwörter.«
»Er hat recht ... Ruft das Volk zurück!« schrie Alkinoos.
Sogleich holten die Herolde die Menge wieder herbei. Sogleich fingen die Reiter den kleinen Laionos wieder ein, der hinter seinem inzwischen ausgetrockneten Bach den Berg hinauf lief. Dann krabbelten, als wäre es im Theater, wo man sie manchmal unter den Teppich schiebt, um den Ozean darzustellen, die spielenden Kinder zwischen dem Volk umher und verursachten Wirbel und Unruhe. Die Greise standen in der ersten Reihe, ihre weißen Bärte waren die Schaumkronen des windbewegten Meers, und Alkinoos, der König der Schiffe, betrachtete zärtlichen Blickes dieses kleine aus Seeleuten bestehende Meer. Dann sagte er ihnen, wer Odysseus sei. Er beschrieb es ihnen, ohne im geringsten zu versuchen, ihn in ihren Augen zu verkleinern, denn er war unparteiisch. Da er stolz war auf seine Gärten, hob er lediglich hervor, daß die Flora von Ithaka nur eine Grasart zähle. Er sagte ihnen, wie Odysseus den Achill in Weiberkleidern erkannte und verriet, wie er den Zyklopen prellte und blendete, acht Jahre mit einer unsterblichen Nymphe verbrachte (die Zeit war das einzige, was in ihrer Umgebung alterte),

ohne jenes Timbre in der Stimme, das ihnen zu verstehen gegeben hätte, daß diese drei Heldentaten im Grunde nichts anderes waren als Denunziationen, Vertrauensmißbräuche und Ehebrüche. Von Zeit zu Zeit unterbrach er sich, um sie auf die Probe zu stellen und sich zu vergewissern, ob sie im Falle einer Überrumpelung dazu fähig wären, das Geheimnis zu bewahren. So rief er plötzlich:

»Und du dort hinten, Krates! Wer ist Odysseus?«

»Odysseus?« antwortete Krates, der die Falle erkannt hatte. »Welcher Odysseus? Ich höre dieses seltsame Wort heute zum erstenmal. Nennt man nicht Odysseus jenes Ding, mit dem man leichte Gegenstände beschwert, wenn es windig ist?«

Und das ganze Volk stimmte ein. Und seine Willfährigkeit ließ auf einmal den vergänglichen Schmuck der Anführungsstriche an einem berühmten Namen verschwinden: »Wahrhaftig, was mag dieses Wort Odysseus wohl bedeuten? Nennt man nicht so die Krapfen, welche die Bewohner von Naxos essen? Nein, das ist ja das Karnpito. Was mag dieses Wort Odysseus, nein, Udaeus wohl bedeuten? ... Ein Substantiv, das auf der Zunge zergeht ... Ein vergessener Name ...«

Darauf nahm Alkinoos, voller Stolz auf sein kluges Volk und froh lächelnd, den Faden seiner Ansprache wieder auf und erzählte ihnen von Kirke. Dabei irrte er sich übrigens, als er von der Episode mit den Tieren sprach, denn er war in Zoologie so unwissend wie in Botanik beschlagen. Er schilderte ihnen, wie Odysseus auf der Insel Ogygia höchstselbst sein Schiff baute, und die Phäaken, die allesamt Reeder waren, erfuhren voller

Bewunderung, wenn man dies sagen darf, daß Odysseus für den Kiel das Holz wählte, aus dem man sonst Masten zu fertigen pflegt. Dann unterbrach sich Alkinoos plötzlich:
»Und du, Laionos! Sag, wer ist Odysseus?«
»Odysseus?« schrie der kleine Laionos, der einfältig war, sein Herz auf der Zunge trug und noch nicht wußte, was für ein Farbstoff ein und dieselben Handlungen in den Augen der Geschichte plötzlich in Verbrechen und Heldentaten scheidet. »Odysseus? Das ist der ehebrecherische Gemahl der Penelope, der gemeine Freund des Achill, der Mörder des Zyklopen!«
Da ergriff man den kleinen Laionos, und weil die Brise vom Meer gerade seine Tunika hochhob, wurde ihm mit der flachen Hand ein solcher Schlag aufs Hinterteil verabreicht, daß fünf Finger zeit seines Lebens darauf sichtbar blieben. Man nannte dieses Mal die ›Hand des Odysseus‹, und ihr Träger pflegte es bei Gastmählern herumzuzeigen.

»Meine Schwestern«, sagte Nausikaa, das Schilf zur Seite schiebend, »hier ist der Fremdling.«
Nausikaa eilte ihrem sechzehnten Geburtstag mit dem ganzen Schwung des Herzens, des Körpers, der Gedanken und der Beine einer Fünfzehnjährigen entgegen. Was sie besonders liebte? Sie liebte leidenschaftlich Männerhände. Manchmal ließ eine ihrer Gefährtinnen, die von einem Bruder oder Cousin zum Palast zurückbegleitet wurde, die Hand des jungen Mannes vom Garten aus zwischen das Gitterwerk oder die

Vorhänge gleiten. Der Cousin spürte, wie eine kleine Hand die seine ergriff, er wußte nicht, wessen Hand es war, und es war die Nausikaas. Sie gewöhnte sich daran, aus dieser Männerhand und nicht aus der eigenen ihr Schicksal zu lesen. Manchmal machte sich auch Apollo, Bruder und Cousin Dianens, der unsichtbaren Gefährtin Nausikaas, den Spaß, eine Hand durch den Vorhang zu schieben, deren Lebenslinie weder Anfang noch Ende hatte oder deren Linie, nach welcher sich die Begabung bemißt, einen Zentimeter breit war. Dann pflegte Nausikaa vor Angst und Glück über diese zu schöne Hand, die sie beklagte, weil sie sterblich war, eine dicke, ganz reine Träne zu weinen, die die Unsterblichkeitslinie entlangrann ... Gerade hielt sie die rechte Hand des kleinen Laionos, dem, wie allen Pagen, diese Zärtlichkeitsraufe wohl bekannt war und der mit der Linken ganz sanft über die ›Hand des Odysseus‹ fuhr, als ihr Vater ihr den Befehl der Minerva überbrachte. Sie lief dem Fremdling entgegen, voller Freude.

In ihrer jugendlichen Naivität glaubte sie, Fremdlinge seien die Verfasser anonymer Gedichte, die Schöpfer unsignierter Bilder und unbekannter Musik, die Urheber von Ruinen ... Da sie das Gefühl hatte, die ihr noch fremden Bereiche ihrer Seele seien reicher als jene, von denen sie wußte, lebte sie in der Vorstellung, auch anderen menschlichen Wesen gehe es so, und machte deshalb Geheimnis und Vollendung zu einem Attribut der fernen, der nichtexistierenden Menschen. Sie fühlte gern das, was sie nicht verstand, war gern von dem ergriffen, was sie nicht zu begreifen vermochte: das

Fremde, oder besser den Fremden! Auf ihrem Karren, der von einer Mauleselin und einem Maulesel gezogen wurde, beide weiß und paarungskräftig, und von dem manchmal ein Fläschchen zu Boden rollte, dessen Inhalt die Phäakische Straße unversehens in den Duft eines Parfüms aus Tyr hüllte, fiel ihr ein, daß sie für den Fremden ja eine Fremde sein würde. In diesem Augenblick kamen, einer Gnade gleich, alle jene Gaben über sie, die man den Fremden nachrühmt: Geschicklichkeit in künstlerischer Arbeit, Kenntnis des Himmelsgewölbes, Teilnahme an den Drehbewegungen der Erde. Darüber ließ sie ihrem Gespann die Zügel auf den Rücken klatschen, und die zwei Maultiere, die in dieser Liebkosung eine Anspielung sahen, begannen, einander sanft in die Nüstern zu beißen und die Hälse aneinander zu reiben. So brauchte der Zug lange, bis er das Meer an der Stelle erreichte, wo der Fluß seine Mündung hat. Der kleine Laionos stand bereits völlig nackt in dem niedrigen Wasser und fischte den Lachs. Als er die Mädchen erblickte, schmeckte er plötzlich die Bitterkeit der Tropfen des Meeres, womit ihn der zappelnde Lachs besprengte, den er umfaßt hielt.

»Ach, lieber Lachs«, sagte er zu ihm, »daß du nicht eine dieser Jungfrauen bist! Daß deine starren Augen nicht ihre schönen flinken Augen sind, deine klebrigen Schuppen ihre zarte Haut, dein knöcherner Mund ihre Lippen, deine Kiemen ihre Ohren . . .« Genau in dieser Antithese bestand die Spanne zwischen Laionos' Wünschen und seinem tatsächlichen Leben!

Weh mir! dachte er. Armer Ephebe, der ich bin. Stets

trifft mich, was schließlich das Los aller Menschen ist. Meine Arme öffnen sich nach einer Frau und schließen sich über einem stummen Fisch.

Indessen kam er ans Ufer und lief hinter ihnen her, um seine Beute nach ihnen schnappen zu lassen.

»Geh schnell wieder in dein Wasser, du Pechvogel«, riefen ihm die Mädchen zu, »man sieht ja die Hand des Odysseus!«

Sie lachten, als er sich schämte und rückwärts laufend kläglich ins Meer zurückkehrte.

Indessen hing Nausikaa ihren Gedanken nach:

Aber, sagte sie bei sich, für sich selber ist dieser Fremdling doch gewiß kein Fremdling mehr! In seinen eigenen Augen ist er nur ein Wesen wie wir, das heißt, ein Wesen, das weinen kann. Vielleicht kennt er sich noch besser als ich mich! Mein Gott, wie soll ich damit fertig werden! Ich hätte so gerne jemanden geliebt, der selbst sich selber ein Fremdling gewesen wäre!

Noch immer über das Problem nachdenkend, tat sie so, als würfe sie aus Versehen einen Ball ins Meer, und ihr Gefolge brach, wie es ausgemacht war, in jenes Geschrei aus, das den tief im Schilf verborgenen Odysseus wecken sollte. Doch allein das Echo, das jeden ersterbenden Ton wiederholt, gab ihnen Antwort. Zwei, drei, sechs, zwölf Bälle wurden vergeblich auf die Fluten hinausgeschleudert, wo sie bald wie taube Möweneier umhertrieben.

Alles in allem, fuhr Nausikaa in Gedanken fort, fremd ist nur, was nicht menschlich ist. Ihr, Pappeln, und du, Mondschein, und selbst du, Sichel des Mondes am hellen Tage, ihr allein ... Aber laßt uns Odysseus

suchen. Was für ein Geschrei würden doch die Menschen einige Jahrhunderte hindurch erheben, wenn Nausikaa ohne Odysseus in das Land ihres Vaters zurückkehrte!
Sogleich machte sie sich mit ihrem Gefolge daran, das Schilf zu durchstöbern und den Helden zu suchen. Und dem Brausen des Windes entsprechend, glaubte eine jede von ihnen, ihn zu haben, und stieß einen Schrei aus. Aber das Rauschen des Meeres oder ein Gespenst aus Algen kann man nicht wecken. Nausikaa dagegen, am Schnittpunkt jener zwei Linien, die seit der Entstehung der Welt Nausikaa und Odysseus zueinanderführen, entdeckte einen halb in der Flußmündung schwimmenden Körper, dem der Beistand der Götter ein besonderes spezifisches Gewicht verlieh: seine Beine lagen noch im Wasser des Meeres, während der Oberkörper bereits im Süßwasser schwamm. So mußte dieser Schiffbrüchige, wenn ein Strudel seinen Kopf und seinen Mund nach unten zog, fühlen, daß es mit seinen Leiden zu Wasser ein Ende habe und seine Leiden zu Lande, die ungesalzenen, nun begannen. Ihn an Armen und Beinen aus dem Wasser ziehen, ihn mit allen Händen vom Schmutz des Meeres befreien, ihn salben und massieren, war für die Jungfrauen das Werk eines Augenblicks. Noch nie ist die Menschheit von schöneren Wäscherinnen gesäubert worden. Das Ergebnis ihres Knetens fiel übrigens nicht so aus, wie sie es sich erhofft hatten. Dieser Körper, der, als Beweis seiner Göttlichkeit, im Meer nicht den Gesetzen der Strahlenbrechung zu gehorchen schien, dessen Beine mager, dessen Rumpf dünn und ausgefasert war, ergab

an der Luft genau das, was den Körper des Achill im Wasser ausmacht: zu große Füße, einen übermäßig großen rechten und einen ausgezehrten linken Arm, eine Stumpfnase und ein Klapperkinn. Aber junge Mädchen glauben noch, Häßlichkeit sei die beste Verkleidung für einen Prinzen.
Seit einer Stunde versuchten sie nun – zunächst durch Schreie, dann durch Schläge, schließlich durch Kitzeln –, den Unbekannten zum Erwachen zu bringen: vergeblich!
Ich überlasse es der Phantasie des Lesers, wieviel Worte und Rezepte sie, die man zum ersten Male geheißen hatte, einen Mann aus seinem Bette zu ziehen, ausprobierten, um den Schrank des Schlummers zu öffnen.
Axileia hatte eine Idee:
»Meine Schwestern«, sagte sie, »ein einziges Geräusch kann diesen Mann wecken: das Geräusch seines Namens. Wir wollen ihn mit lauter Stimme rufen. Es kann keine Rede davon sein, daß wir dadurch das Gebot des Alkinoos übertreten, denn da er eingeschlafen ist, kann der Unbekannte uns nicht hören und wird in seinem tiefen Traum glauben, er selbst habe sich gerufen.«
Dann beugten sich die Mädchen über den Körper, legten die Hände trichterförmig um den Mund und schrien »Odysseus«, so laut, daß Alkinoos und die ganze Stadt es hörten und erbebten. Ein geistiges Pulverfaß flog ringsum in die Luft . . . Dann erhoben sie sich leise, als wären sie Blumenkelche, die ihren Pollenstaub ausgestreut haben.
Doch beim Klang von Odysseus' Namen war Elpenor,

denn kein anderer als er war der Unbekannte, vor Schreck erwacht und hatte sich verneigt.

»O Fremdling«, fragte Nausikaa, »wer bist du?« Elpenor richtete sich auf, gekränkt:
»Pardon«, antwortete er, »nicht ich, sondern du bist fremd!«
Nausikaa sagte mit sanfter Stimme zu ihm:
»Gleichviel, o unser Gast, dies ist mein Vaterland, meine Stadt; diese Bäume sind meine Bäume!«
»Genau das wollte ich sagen«, erwiderte Elpenor, »dies ist ein fremdes Land. Die Düfte, in die ihr mich gehüllt habt, sind fremde Düfte. Wie nennt ihr diesen Baum?«
»Dendrodendron«, sagte Nausikaa.
»Ihr werdet doch nicht behaupten wollen, daß das kein Fremdwort ist?« sagte Elpenor.
Als die Mägde nach diesen Reden sahen, daß Nausikaas Stirn sich verfinsterte, sagten sie zu ihm:
»Kommst du nicht aus einem unsichtbaren Land, von einer unbekannten Insel?«
»Oh, pardon«, sagte Elpenor, »ich sehe doch euer Land zum erstenmal – eure Insel ist eine unbekannte Insel!«
Axileia, die jeden Augenblick der Tränen in den Augen ihrer Herrin gewärtig war und den Fremden vom Floß des Déjà-vu herabstoßen wollte, an das er sich mit der Beharrlichkeit und Geschicklichkeit eines alten Schiffbrüchigen klammerte, ergriff das Wort.
»Gleichviel, illustrer Gast, wenn wir dich untersuchten, so würden wir zwar entdecken, daß ein jedes

deiner Glieder, deine Augen, dein Mund seine Entsprechung bei unseren Vätern und Brüdern finden könnte, doch deine Worte sind von Gleichmut umschlossen, in deinem Blick steht die Nacht. Zwischen unseren Fragen und deinen Antworten liegt eine Pause, in der das Unwägbare wohnt und die geräuschvoll ist wie eine Muschel. Dein Schweigen ist ein fremdes Meer.«

»Irrtum, Irrtum!« antwortete Elpenor, »ich höre alles, ich sehe alles. Ihr werdet doch nicht sagen wollen, ich hätte den Akzent von Ithaka, wenn ich schweige?«

So werden wir nicht fertig mit ihm, dachte Axileia ...

»Doch hör«, erwiderte sie, »einmal zugegeben, daß keiner von uns beiden ein Fremdling ist, so wirst du doch einräumen, daß es welche gibt und daß die Bewohner fremder Inseln, Inseln, die für Ithaka und zugleich für die Phäaken fremd sind, Fremdlinge sind!«

»Selbstverständlich, Schöne«, sagte Elpenor, »nichts Fremderes als sie!«

»Gut«, fuhr Axileia fort, »doch nehmen wir einmal an, einer von ihnen käme hierher, käme in diesem Augenblick, würde er nicht die gleichen Argumente ins Feld führen wie du? O meine Schwestern, die Wirklichkeit ist nicht die Wirklichkeit, denn das Nichtsein ist nicht das Nichtsein. Es gibt keine Fremdlinge auf dieser Welt!«

»Oh, pardon!« erwiderte Elpenor. »Unser Schiff ging eines Tages in dem Hafen eines Landes vor Anker, dessen Bewohner sich selbst Fremdlinge nannten. ›Wir sind Fremdlinge‹, antworteten sie uns, als wir landeten, und auch ihre Frauen gaben sich stolz als Fremdlinge aus. Seht, die hätten uns diese Diskussion erspart. Sie hatten Zerrspiegel, die jedem, der hineinschaute, nur ein annähernde Vorstellung von sich gestatteten. Sie waren des Glaubens, ihr Leben und ihre Handlungen seien von einem unvermeidlichen Schicksal bestimmt, das sie Gnade nannten. Sie hielten die Leiden, die sie erduldeten, nicht für ihre Leiden. Als Fremdlinge kannten sie keinen Egoismus, verschenkten sie alles, ihre Statuen, ihre Bilder, und einer war schöner als der andere.«

»Wie sah der schönste von ihnen aus, wie hieß er?« fragte Nausikaa.

»Er übertraf sich selber an Schönheit«, antwortete Elpenor, »aber er hatte keinen Namen, genau wie seine Gefährten. Sie behaupteten, der Name und selbst der Vorname sei ein Etikett, das sogar das Unterbewußtsein des Menschen deklariere. Übrigens, junges Mädchen, eine der Frauen sah dir ähnlich ... Nein, es gibt gar nichts zu deuteln daran. Du bist gut und gern eine Fremde!«

Solcherart waren die Jungfrauen um Elpenor versammelt. In der Ferne sagte der eifersüchtige Laionos, in dessen Armen der Lachs zappelte, der fliehen hatte wollen, zu seinem Gefangenen:

»Ach Lachs, schau sie dir alle an, die törichten Jungfrauen, die um diesen Knirps herumstehen, weil er einen fremden Duft mitbringt! Ach, guter Lachs, wieviel lieber kämpfe ich mit dir als mit einem dieser Wesen, die Frauen genannt werden. Du denkst in diesem Augenblick wenigstens an mich, während diese

Jungfrauen, wie man mir erzählt hat, an dem Tag, da ich im Ernst mit einer von ihnen ringe, an die denken werden, die nicht da sind: an die Götter, an ihre Mutter, an alles und an alle – nur nicht an Laionos.«

»Ruft das Volk herbei«, schrie Alkinoos.
Sogleich ließen die Handwerker ihre Arbeit im Stich, schnell oder langsam, je nachdem, ob sie mit dem Staub dieser Welt, wie die Müller und die Farbenreiber, zu tun hatten oder mit den klebrigen Elementen, wie die Schiffsstreicher und die Honighändler. Ihre Kinder liefen neben ihnen her, die einen mit Flecken gezeichnet, die anderen mit Staub, wieder andere mit einem Gegenstand aus Gold oder Silber, wie wenn sie eine Gabe des Berufs und nicht der Ehefrauen ihrer Väter wären.
»Volk«, rief Alkinoos, »vernimm die unerwartetste aller Neuigkeiten! Ein Schiffbrüchiger ist in der Nähe von Karados' Waschplatz aufgegriffen worden. Wer er ist, Gott oder Halbgott, und ob das Schicksal geruht hat, uns eine ganze oder eine halbe Portion Gottheit zu servieren, weiß ich noch nicht. Er war zwar völlig mit dieser Tiefseealge bedeckt, die uns bis jetzt nur auf Najaden oder toten Tritonen begegnet ist, doch spielte jene goldkäferfarbene Sonne auf ihm, die, wie es scheint, das Licht derer ist, die auf den Gipfeln der Wolken leben und die wir manchmal von hier unten auf einem schönen Adler gewahren. So reicht das Land, aus dem er wohl kommt, vom Zenit zum Nadir.«
Indessen bahnten sich die Koryphäen, die Vorsänger, einen Weg durch die Menge, um ihr des Alkinoos'

Befehl zum Schreien zu überbringen. Wenn es keine Meinung hätte oder der Renitenz voll sei, solle es eine nur förmliche Antwort geben: das Lob eines Baumes beispielsweise oder das einer Blume.

Dann zeigte Alkinoos ihnen Elpenor. Neben dem Prinzen wirkte der Unbekannte wie ein Zwerg. Da Alkinoos nicht im geringsten zweifelte, daß dieser Krummbeinige sich plötzlich in einen Helden verwandeln werde, hatte er ihn in zu lange und zu schwere Stoffe kleiden lassen, unter denen er schwitzte. Alles war dazu angetan, seine Ähnlichkeit mit einem in Gewänder gehüllten Hund zu betonen, denn sogar in seinen Augen lag ein armer treuer Hundeblick.

»Hier stelle ich dir unseren Gast vor, o Volk«, rief Alkinoos, »was haltet ihr von ihm?«

»Ehre sei der Korkeiche und der Tanne!« rief das Volk einstimmig. »Laß uns in unserem Mund dieser beiden Laub und Nadeln mischen, die sonst doch nie eins würden! Warum sollte man nicht auch die Namen dieser beiden Bäume verschmelzen. Der eine reißt den Klang an sich, der andere wirft ihn zurück. Der eine pfropft unsere Flaschen. Der andere liefert unsere Särge. Ein von Korkeichen umgebenes Haus gegen ein von Tannen umgebenes Haus tauschen, heißt das Schweigen gegen den Wind tauschen, den schmerzlosen Gedanken gegen die Angst. Ach, was für ein zweideutiges Vergnügen, sie zu vereinigen in der menschlichen Sprache, dieser himmlischen Baumschule!«

Da erhob sich Elpenor, freilich nicht ohne dem Prinzen dabei Püffe zu verabreichen, denn seitdem er als

Schatten in der Unterwelt gewohnt hatte, war es ihm noch nicht gelungen, das Gleichgewicht wiederzufinden. Seit jenem Aufenthalt, da ihn alle die berühmtesten Schatten um seine Rückkehr ins Leben beneidet und eifersüchtiger zu Charon geleitet hatten als das diplomatische Korps zum Bahnhof den Kollegen, der nach Paris zurückkehrt, bildete er sich auch ein, daß nicht das Leben schlechthin Gegenstand dieser Eifersucht gewesen sei, sondern sein eigenes Leben, das Leben des Elpenor, dieser Körper, der sein eigen war, seine Wunden, seine Höcker. Es war ihm daraus ein unbegreiflicher Stolz erwachsen. Bei jeder Gelegenheit erzählte er sein Leben und stellte seine traurigen Glieder zur Schau.

»Prinz«, rief also Elpenor, »höre, wer ich bin! Weil ich mit diesem Torso auf die Welt zurückkehren durfte, waren Ajax und sein Rivale bereit, ihren Kampf wiederaufzunehmen. Eine unbekannte Kriminelle hat mich in einem Gefängnis von Korkyra zur Welt gebracht und dort ausgesetzt. In diesen unterirdischen Gewölben habe ich meine ersten Lebensjahre verbracht, um die Achill mich so beneidet. Man pflegte mich an freigelassene Bettler zu vermieten, der erste machte mich krummbeinig, um die Leute zum Lachen zu reizen, und brachte mir diese O-Beine bei, die Paris so bewundert. Um Mitleid zu erwecken, verunstaltete mir der zweite diese Hüfte, die Patroklos gegen seinen guten Ruf eintauschen wollte. Kein Gefühl, vom Schrecken bis zur Heiterkeit, das sie nicht mit Elpenor zuwege gebracht hätten: sie spielten auf mir wie auf einer Harfe, nur daß sie nicht meine Saiten schlugen, sondern mir einen Knochen entzweibrachen oder eine Sehne zerrissen. Deswegen dieses verkrümmte Skelett, das zu besitzen Helena – ich zitiere ihre Worte – sich überglücklich schätzen würde. Allein diese Geschwüre auf meinen Lippen sind nicht das Werk meiner Meister, sondern das meine. Als ich in einer Schmiede ein purpurfarbenes Hufeisen an einem kupfernen Stab hängen sah, kam ich, da ich noch nicht wußte, daß das Feuer Metall rötet, auf den Gedanken, es mit den Zähnen zu packen . . .«

Solcherart schilderte Elpenor voller Stolz dieses beklagenswerte Dasein. An einem einzigen Tag in seinem Leben hatte er frisches Fleisch gegessen, einem einzigen Tag Oliven, die noch nicht angefault waren. Er erzählte davon, wie sein Bein einmal in die Speichen des Steuerrades eingeklemmt war, während das Schiff auf ein Riff lief, wie seine Zehe in den Rahen des Besanmastes festsaß und seine Ohrläppchen im Schraubstock des Klüvers hingen. Die Trireme hatte kein Manöver auszuführen vermocht, ohne daß Elpenor dabei in das Räderwerk geraten oder mitgerissen und davon gekennzeichnet worden wäre. Alle Geschäfte der Reinlichkeit an seinem Körper besorgte das Schiff für ihn, denn einmal im Jahr schnitt die Schere des Bugsprits seine Nägel, stutzten die Rahen seine Haare, wusch das Gewitter seine Ohren. Diese Verfolgung von seiten der Götter war übrigens fruchtlos, da Elpenor keineswegs dadurch an Weisheit, Urteilskraft oder Sinn für Relativität zunahm . . . So also sahen die Fetzen seines Lebens aus, die er vor den Augen der Phäaken ausbreitete. Aber diese gewahrten, wie an einem

Gewande, durch die Löcher hindurch, das Futter des Heldenepos und hielten ihn gar nicht für eine lächerliche Figur. Glücklich über seinen Erfolg fand Elpenor endlich Gelegenheit, jene Geschichte anzubringen, die aus seinem Munde anzuhören die Mannschaft sich seit zwanzig Jahren geweigert hatte: die Geschichte von seiner zahmen Ente, die im öffentlichen Brunnen ertrunken war, von seiner Stute, die nie zurückwich, wenn man sie mit der Kruppe an eine Mauer stellte, und er gab ihnen ein Rätsel zu lösen auf, das einzige, das er kannte, und fragte sie, was, wenn man es weiß in die Höhe würfe, gelb zur Erde herniederfiele. Das Volk, froh, es erraten zu haben, rief, das könne nur ein Ei sein, doch Elpenor sagte, es sei der Mensch, den die Götter weiß auf diese Erde würfen und den das Alter gelb herunterfallen lasse. Daraufhin riefen die Phäaken:

»O Alkinoos, danke den Göttern, daß sie diesen Fremdling auf unsere Insel gesandt haben! Er ist der Charlie Chaplin der Odyssee!«

»An eben diesem Tage, da die pestverbreitenden Mücken mich an diesem Arm infizierten«, fuhr Elpenor fort, »wurde ich von Odysseus' Quartiermeister angeworben.«

Bei dem Wort Odysseus spitzte das Volk die Ohren. Kein einziges Wort, kein einziger Hauch kam mehr aus irgendeinem Mund, und selbst die Kinder verhielten ihre Bewegungen.

»Ihr habt doch sicher schon von Odysseus gehört?« fragte Elpenor, verwundert über dieses Schweigen.

»Niemals! Niemals!« rief das Volk, noch immer wie versteinert.

»Spaß beiseite«, sagte Elpenor. »Kein Mißverständnis! Ihr habt schlecht aufgepaßt. Ich frage euch, ob ihr von Odysseus gehört habt. Seid ihr etwa verblüfft über das Wort ›hören‹? Ich gebrauche es manchmal, denn Helena in der Unterwelt mochte es gern. Von ihr hab' ich es auch gelernt, desgleichen das Wort ›Erinnerung‹ ... Ich spreche von Odysseus, dem Sohn des Laertes, König von Ithaka!«
Als sie daraufhin die Zeichen des Alkinoos verstanden, riefen sie alle, vom Jüngsten bis zum Ältesten:
»O Fremdling, du hast doch gewiß schon einmal von einer Hypothese gehört? Das ist eine willkürliche Annahme, die eine Reihe von Tatsachen im Universum erklärt und die bis zu dem Tage gültig bleibt, da eine andere gefunden wird, die logischer ist. So erklären wir uns die Gestirne durch die Erhebung der Helden in den Himmel, die menschliche Form der Bäume und das Murmeln der Bäche durch die Metamorphosen, den grünen Strahl, der aus der untergehenden Sonne springt, durch die Ermüdung der Netzhaut. Natürlich wissen wir, daß Achilles in Weiberkleidern entdeckt, daß ein Pferd nach Troja hineingebracht, daß ein Zyklop geprellt worden ist, daß Sirenen von ihrem Felsen aus vergeblich ein Schiff angerufen haben, aber – vielleicht sind wir übrigens auch nicht genügend unterrichtet, um so verschiedene Heldentaten unter eine Rubrik zu bringen – in der Überzeugung, daß ein Sterblicher sie nicht für sich allein in Anspruch nehmen konnte, schreiben wir sie bis jetzt der Macht der Suggestion zu ... Nun erstick nicht gleich. Hör uns an ... Nichts ist wahrscheinlicher, als daß der Zyklop, der

Angst davor haben mußte, sein einziges Auge zu verlieren, geglaubt hat, blind zu werden, als daß die Trojaner, die seit dem siebenten Jahre keine Kavallerie mehr hatten, plötzlich ein riesiges Pferd bei sich zu sehen glaubten. Das Phänomen ist geläufig ... Luftspiegelung! Suggestion! Merke auf, Fremdling, wir suchen nicht einmal in der Hypnose oder der Tatsache der Entmaterialisierung die Erklärung. Nicht einmal in den Träumen ...«

»Irrtum, Irrtum!« rief Elpenor, nach Luft schnappend.

»Wir wünschen nichts sehnlicher als eine Änderung der Hypothese«, rief das durch die Zeichen des Alkinoos ermutigte Volk, »und würden diese Erscheinungen gern der Schwerkraft oder auch der Aufhebung der Schwerkraft zuschreiben ...«

So sprach es, um dem, den es für Odysseus hielt, Gelegenheit zu bieten, sich zu enthüllen, und es fing an, ihm Fragen zu stellen, die einem Handbuch der Odyssee selbst entnommen zu sein schienen: Ob Penelope brünett sei. Ob das Trojanische Pferd aus Buchen- oder Eichenholz gewesen sei. Aber das waren gerade die Fragen, die der arme Elpenor nur sehr schwer beantworten konnte. Seine Beziehungen zu dem Heldenepos waren zwar eng, aber sehr mittelmäßig gewesen. Er war einfach ein Muster all jener Tausende von wenig neugierigen Unwissenden und Namenlosen, die die Stickgaze der glorreichen Epochen abgeben. Er hatte von diesen Helden und ihren großartigen Taten lediglich die unscheinbare, verachtete Seite miterlebt. Achilles kannte er dadurch, daß er ihm einmal den Dreck von den Absätzen gekratzt hatte, Ajax dadurch, daß dieser ihm einmal auf seine Bank in der Trireme gespuckt hatte, Kirke, weil sie einmal der Ekklisses geholfen hatte, die große Haspel abzubürsten. Am Tage der Eroberung von Troja reinigte er das Waschbecken der Hekuba. Am Tage von Achilles' Zorn war er zur Arbeit abkommandiert und mußte Zwiebeln holen. Am Todestag des Paris flickte er das Peplum des Thersites. Er kannte die Welt und die Halbwelt des Heldenepos nur von ihrer jämmerlichen Kehrseite. Die großen Daten der Mythologie dienten ihm lediglich als Gedächtnisstütze für die erbärmlichen Ereignisse seines Lebens: Am Abend der Briseis hatte er beim Würfeln zwei Drachmen von einem namens Berios gewonnen; am Abend der Andromache hatte er mit einem namens Trachopis von dem leichten Wein der Amazonen getrunken. Und Pyrrhos und Kalypso und Agamemnon waren für ihn nur da, um ihn an Latakobos, Periperilaos oder Vagapolo genannte Unbekannte zu erinnern. Aber er konnte sich nicht entschließen, diesem Heldenepos seinen Glauben zu versagen, wie ja auch ein Kammerdiener an die Existenz seines Herrn glauben muß. Er wusch die schmutzige Wäsche der Legende.

»Spaß beiseite, Fremdling«, sagten die Phäaken, »wir wollen ja nichts weiter als dir glauben. Hast du die Sirenen gehört?«

»Nein«, antwortete Elpenor verwirrt, »aber ich hab' sie gesehen.«

»Die Sirenen sehen, das besagt gar nichts«, sagte das Volk, »das besagt nicht mehr, als eine Violine sehen.

Und den Zyklopen, hast du den gesehen?«
»Nein«, antwortete Elpenor. »Es war dunkel in der Höhle. Aber ich hab' ihn gehört.«
»Du machst dich lustig über uns, o Fremdling. Du hast von der Odyssee alles das gesehen, was man hätte hören müssen, und alles gehört, was man hätte sehen müssen. Und hast du Kalypso berührt?«
»Nein«, antwortete Elpenor, »aber ich habe ihren Duft gefühlt.«
»Suggestion! Suggestion!« rief da das Volk. »Alles ist nur Suggestion! Dieser Fremdling hat die Landschaften gegessen, die Speisen gehört und die Worte gefühlt!«
»Aber Ekklisses«, rief Elpenor, »wollt ihr etwa behaupten, daß Ekklisses, die Favoritin des berühmten Elpenor, auch nur Suggestion gewesen sei?«
»Wahrlich nicht!« antwortete das Volk. »Wahrlich nicht, wenn du uns eine Spur von Ekklisses an dir zeigst. Sie braucht allerdings keinen Vergleich mit der Spur jenes roten Eisens auszuhalten, das du indessen nur einmal geküßt hast. Du wirst uns nicht weismachen können, daß alles Spuren auf dir hinterläßt, nur die Liebe nicht. Ekklisses biß nicht, kratzte nicht? Das würde bedeuten, daß sie weniger leidenschaftlich wäre als jene Suggestion, die Männer zu Mördern werden läßt und Frauen schwanger. Wenn eine Liebende ihrem Geliebten einen Biß ins Herz versetzt, anstatt ihn in die Schulter zu beißen, so dies, weil sie ihrer Zähne nicht sicher ist, nicht sicher ihrer Realität, weil sie zahnlos ist oder überhaupt nicht existiert. Was also ist mit Ekklisses?«

Als Alkinoos nun Tränen in den Augen seines Gastes gewahrte, verschob er die gymnastischen Spiele und den künstlerischen Wettstreit, bei denen er sich enthüllen mußte, auf den Nachmittag und ließ ihn von dem kleinen Laionos auf sein Zimmer bringen. Doch Elpenor jammerte und konnte keine Freude an der Siesta finden. Da versuchte Laionos, dem Helenas Bild im Kopf herumspukte, ihm eine Beschreibung von Ledas Tochter abzulisten, und erging sich deshalb in Schmeicheleien hinsichtlich der Ekklisses.

»O Fremdling«, sagte er, »ich glaube an Ekklisses.«

Elpenor lächelte ihm zu.

»Schade, daß sie nicht da ist, kleiner Laionos! Ich würde dir erlauben, ihre Arme zu berühren! Du könntest sie nehmen, wenn du wolltest!«

»Ich könnte was?« fragte der kleine Laionos, der noch unverdorben war.

»Du könntest sie in die Arme schließen, sie an dich drücken.«

»Und Helena, o unser Gast?«

Sie sprachen lange miteinander, denn jedesmal, wenn Elpenor einen Körperteil der Ekklisses beschrieben hatte, mußte er auch den entsprechenden Teil an Helena beschreiben, von der er allein den Schatten kannte.

»Der Busen der Ekklisses war berühmt. Bei jedem Atemzug hob er mich ein wenig.«

»Und Helena?«

»Sie atmete ganz sachte. Und von ihrem Hauch beschlug sich kein Spiegel. Was die Augen der Ekklisses anlangt, sie waren so lebhaft, daß sich Mücken darin verfingen. Das war dann eine schöne Komödie.«

»Und Helenas Augen?«

»Die hatten keinen Blick, sie waren ohne Augensterne.«

Und Elpenor erzählte von jenem Tag in der Unterwelt, an dem ihrer beider Schatten miteinander verschmolzen waren. Da er von kleinem Wuchs war, lag sein Kopf in der Höhe von Helenas Herz, sein linkes Bein in ihrem rechten, seine Schulter in ihrer Hüfte, nur eine der beiden Hände ragte aus dem Körper des göttlichen Schattenbilds. Er lachte darüber. Aber diese Verschmelzung war in den Augen des kleinen Laionos gerade das, was er für die Liebe hielt. Laionos dachte, Liebe bedeute, in ein Wesen einzutreten, das in einen eintritt, ein Wesen in sich zu bergen, das einen in sich birgt, Lippen zu küssen, die man selbst zu eigen hat, und schließlich schien ihm diese Verschmelzung zweier Schatten die einzige Wirklichkeit. Wie oft schon hatte er sich damit vergnügt, hinter der hübschen Klaio herzulaufen oder sich in ihrem Schatten niederzulassen, eine gar enge Wohnung zur Mittagszeit, da er sich an sie schmiegen mußte, als wäre er an einen Pfahl gebunden. Ein geräumiges Schloß bei Sonnenuntergang! Er ging darin umher, er bewohnte den Schoß, den Busen, er vergnügte sich damit, ganz nahe an ihrem Kopf niederzusinken, ihn zu küssen, aber seine Lippen empfingen nur den Geschmack von Staub.

»Wie von Helena«, murmelte Elpenor, der in Schlummer sank.

Alsdann machte sich der kleine Laionos, der nicht von

dem Gedanken an die Frauen loskam, auf, um seine Hand zwischen die Gitter und Vorhänge der Mägde zu schieben, mechanisch wie er seine Grundangeln im Röhricht auszuwerfen pflegte, und alsbald drängten sich fünf liebliche und trockene Aale zärtlich zwischen seine Finger. Aber er bildete sich ein, Elpenor in Helenas Schatten zu sein, aus dem nur seine Hand herausrage, und der einzige Körperteil, den kein wohliges Gefühl überkam, war gerade jener, den Nausikaa streichelte.

»Fremdling«, sagte Alkinoos, als das Stadion voll war, »nenne deine Lieblingsspiele, sie werden die unsern sein.«
Nichts war mehr durch Form und Regel bestimmt als das Programm der Phäakischen Spiele. Sogar die Reihenfolge des Wettstreits war festgelegt. Den Anfang bildete ein 192,60-Meter-Lauf mit Tiefstart; dann kam ein Wettdichten in epischer oder, wie die Phäaken es nannten, rationaler Poesie, das heißt einer Poesie, die drei gereimte Strophen ohne tonischen Akzent als Form zuläßt; ein Speerwerfen mit genormten, zwölf Ellen langen Buchsbaumspeeren beschloß die Spiele. Die Phäaken hielten es in dieser Hinsicht wie die übrige Menschheit, die allein in ihren Lastern Vielfalt duldet.
Doch Elpenor, dem nur das Kibesspiel, eine Art Lotto, das die Mannschaften bevorzugten, bekannt war, rief, von der Höflichkeit seines Gastgebers getäuscht, laut aus:
»O Phäaken, kann es ein edleres Spiel geben als das

Kibesspiel? Die chiffrierte Sprache ist die Sprache der Götter, und aus Chiffren, sagen die Philosophen, besteht die Welt.«

Da rief das Volk, dem es wenig ausmachte, wegen einer Partie Kibes zusammengekommen zu sein, voller Enthusiasmus aus:

»Wie recht hat der Fremdling! Das einzig wahre Spiel ist das Kibesspiel. Die einzige mögliche Sprache ist die chiffrierte Sprache, und die des Fremdlings ist die chiffrierteste von allen, da er uns solcherart zum Wettlauf mit Tiefstart einlädt, zur dreistrophigen Dichtkunst und zum Speerwerfen ... Mit Speeren aus Buchsbaum oder Eichenholz, o Fremdling?«

»Aus Eichenholz.«

»Immer diese chiffrierte Sprache! Wie du befiehlst – dann also aus Buchsbaum. Und zwölf oder vierzehn Ellen lang?«

»Zwölf.«

»Gehorchen wir ihm, er will es so!«

Man stellte die Rivalen also in einer Reihe auf. Es waren ihrer vier: der kleine Laionos, der Champion Rhexenor, Elpenor und ein gallischer Läufer, der sich auf die Olympischen Spiele berief und den Wipp-Start erfunden hatte. Gerade hatte er sich zwei Löcher von ungleicher Tiefe gescharrt, um seinen Füßen festen Halt zu geben; er häufte Sand auf, um seine Hände aufzustützen, und in seinem Mund hielt er, damit die senkrechte Haltung seines Kopfes gewährleistet sei, ein Senkblei, das ihm auch als Gegengewicht diente und das er beim Start loszulassen gedachte. Der schönste von den Läufern war Rhexenor. Als ihr Cousin und

Freier hatte er Nausikaa im Ballspiel unterwiesen und sie dabei jene unvergleichliche Gebärde gelehrt, die in den Legenden und in der Geschichte der jungen Mädchen nicht ihresgleichen hat. Er war jenem Mann ebenbürtig, der Sakuntala zeigte, wie man sich vor den Bienen verteidigt, und Virginie die Lehre gab, sich nicht im Sturmwind zu entkleiden ... Er war eines jener drei oder vier menschlichen Wesen, die eine Zierde des Anstandes sind.
»Ihr Wettläufer!« rief der Schiedsrichter, »seid ihr bereit?«
Alle waren bereit. Der gallische Läufer hatte sich bereits aufgerichtet.
»Nein«, rief Elpenor.
Doch das Zeichen war gegeben. Als er sich endlich entschloß, ging der kleine Laionos, der mit dem Champion Rhexenor Kopf an Kopf lag, gerade ins Ziel. Von weitem folgte ihm der gallische Läufer, dem das Senkblei zwischen die Zähne geraten war und der so tat, als hätte er sich den Fuß verstaucht. Das eine Bein einwärts gekrümmt und hüpfend erreichte Elpenor die Sieger, die wartend herumstanden, und schon ging ein Murmeln durch das Volk, als Alkinoos ausrief:
»O meine Freunde, was für eine Lektion in Bescheidenheit erteilt uns der Fremdling! Bis dato beschränkte sich die Bescheidenheit auf das Gebiet des Geistes. Seht, dank unserem Gast wird sie sich nun auch auf den Körper auswirken. Glücklich, wer das Feld um eine so schöne Blume bereichert! Wir hatten bescheidene Staatsmänner, bescheidene Jungfrauen; ihm ist es zu verdanken, daß wir von nun an Läufer haben, die selbst

beim Laufen bescheiden sind, Faustkämpfer bescheiden im vollen Kampf. O Fremdling, ich erkläre dich zum Sieger, denn Sieger ist derjenige, dessen Bild sich dem Herzen einprägt und nicht den Augen ... Und nun mögen die Bewerber um den Siegespreis im Dichten auf die Tribüne kommen. Hier das Thema, Demodokos hat es selbst ausgewählt. Demodokos weiß, daß die Aufgabe der Dichtung darin besteht, ein Volk um seine Vernunft zu bringen und in andere Breiten zu entführen. Hier ist das Thema: *Frühlingserwachen in den Ländern des Nordens!«*

Gewiß hätten Meeres- und Inselbewohner eines der herkömmlichen Themen bevorzugt, zum Beispiel das Thema: *Weshalb man Inseln nicht durch Tunnels mit dem Festland verbinden soll.* Oder: *Weshalb es unnütz ist, daß die Völker des Kontinents Flotten und Flottillen besitzen.* Oder: *Weshalb dem Ikaros, wenn er hätte fliegen können, auf der Insel der Phäaken das Laufen untersagt worden wäre.* Doch des Fremdlings wegen wahrte das Volk ein zurückhaltendes Schweigen, und der erste Bewerber, Phranoainos, trat vor.

Als poeta laureatus kannte er die Schliche seiner Meister und suchte vor allem den geheimen Gedanken zu erraten, der seiner Ansicht nach ihre Wahl bestimmt hatte. Er war tückisch und hielt die Muse für tückisch. Homonyme versetzten ihn in Begeisterung, denn sie waren für ihn Heuchler. Periphrasen gebrauchte er lediglich aus Schelmerei. Schon mehrfach hatte er Preise errungen, weil er die unter harmlos aussehenden Titeln verborgenen Fallen rechtzeitig aufstöberte, und gerade in diesem von Demodokos ausgewählten Thema glaubte er eine ganz schreckliche zu entdecken. Da die Länder des Nordens das Gegenteil der Länder des Südens, der Länder von Hellas, waren, konnte der Frühling dort nur das Gegenteil des griechischen Frühlings sein: und zwar eine Jahreszeit voll Trauer und Betrübnis. Anstatt mit großer Gebärde nach seiner Lyra zu greifen, sie triumphierend hochzuheben und den Kopf zurückzuwerfen, wie es bei allen Hymnen auf den Frühling zu geschehen pflegt, kauerte er sich nieder, legte sein Gesicht in Falten, nahm kraftlos das Instrument an sich und, als die Sanduhr abgelaufen war, trug er mit trauriger Stimme seine drei, hier wortgetreu wiedergegebenen Strophen vor:

»Frühlingserwachen
in den Ländern des Nordens

Der Winter hat sich abgewandt,
Die Farbigkeit, den heißen Brand
  Verlorst du, schöne Sonne.
Wo bliebt ihr, der Insekten geile Arten,
Verweilend auf Verbenen und Gaillarden,
  Allorts in Lust und Wonne?

Nun kommt der Frühling: Schnee bedeckt
Die Dächer, und die Sonne streckt
  Sich nieder vor dem Schnee.
In die Erde taucht der Jäger unter,
Und der Fischer geht, o Wunder,
  Sicher auf dem See.

Und die Jungfraun alle, toll wie bieder,
Nehmen noch ein Herz und noch ein Mieder
Zur selben Zeit hinzu.
Auch der Satyr mag es nicht mehr wagen,
Den Nachbarn Frau und Tochter wegzutragen:
Frühling, das bist du!«

Da rief das Volk, nur mäßig zufrieden mit den Versen des Phranoainos:
»O Alkinoos, wem können wir größeres Lob spenden, dem listigen Einfall des Phranoainos, der in uns die Sehnsucht nach einem blattreichen und dicht belaubten Winter weckte, oder dem Anfang in männlichen Reimen, diesen eigenwilligen Fehler in der Prosodie? Das macht die Sonne zwanzigmal schwächer, macht aus ihr eine blutarme Sonne! ... Doch da ist der zweite Bewerber.«
Indessen verbreitete sich plötzlich ein göttliches Licht in der Stadt der Phäaken. Am hellichten Nachmittag setzte Aurora den Horizont in Brand. Der Wind schüttelte das Laubwerk der Pappeln durcheinander, als wollte er das große göttliche Los ziehen, und jene schönen indigofarbenen Spuren, die Karrenräder in regennassem Sand hinterlassen, leuchteten in jeder Brandungswelle des Meeres. Hinter dem zweiten Bewerber, der unter dem Namen Kanope als Verwandter des Alkinoos angekündigt worden war, verbarg sich nämlich kein anderer als Apollo. Durch die Musen von jedem bedeutenden Wettstreit verständigt, hielt er es nicht für unter seiner Würde, vom Olymp herabzusteigen und sich im Vorgefühl sicheren Sieges mit den

Menschen zu messen. Darüber hinaus fühlte er sich an diesem Tage besonders inspiriert, und, in der Tat, sobald er, seine Lyra stimmend, auf der Estrade Phranoainos' Platz eingenommen hatte, improvisierte er, ohne auch nur von einer der jedem Sänger zuvor gewährten fünf Minuten Gebrauch gemacht zu haben, die folgende Hymne ... Doch von außergewöhnlicher dichterischer Begeisterung beschwingt, nahm er, statt zu dem von alters her gebräuchlichen gleichförmigen Rhythmus, das erste Mal seine Zuflucht zu jenen synkopischen Formen, welche die Ausdruckskraft des Päan erhöhen; und zum erstenmal auch, erheitert vom verwunderten Staunen eines Negermatrosen, der gerade Ausgang an Land hatte, gab er sich dem süßen Gefühl geheimen Wohlbehagens hin, das ihn an Stelle leerer Takte Pausen setzen und diese sogar hinter den Längen einfügen und damit die Dipodie noch zuspitzen ließ ... Das ist nicht alles!

Hört nur, wie Apollo sang – erfreut euch an griechischer Poesie! Indem er eine Anwandlung von Zärtlichkeit, die selbst seiner Stimme einen weichen Klang verlieh, und eine Überlänge im Werte von ein und einem halben Takt für seine Dichtung nutzte, erfand er, wie man nur einen Takt bildet; aus zwei verlängerten Kürzen, von denen jede zweimal der gleichen Länge entsprach, formte er den dazugehörenden zweiten Takt: dann fühlte er, wie ihm plötzlich das Herz im Halse schlug und das Blut seinen Lauf beschleunigte, er hatte nämlich nichts weniger erfunden als den zyklischen Daktylus ... Das ist nicht alles!

Bei dem Versuch, wie es auf diesem Pfade glücklichen

Findens ganz natürlich war, den einfachen Rhythmus in einen doppelten Rhythmus aufzulösen, und aus einer ganz ungewöhnlichen Verachtung der klassischen trochäischen Dipodie, fügte er in einer glücklichen Beklemmung, an der Nausikaas Anblick nicht ohne Schuld war, den Wert einer Halben vor den betonten zweiten Takt, verkürzte er den gleichen Wert, der diesen beschloß, und dann erbebte er bis in die Eingeweide, denn nun hatte er nichts weniger erfunden als den zyklischen Anapäst ... Das ist nicht alles! Entschlossen, kein Fünkchen dieser Eingebung ungenutzt zu lassen, einer Inspiration, die nicht, ohne ihn zu überraschen und zu beunruhigen, über ihn gekommen war, da ein Gott ja schließlich über keinen Gott verfügt, der ihn inspiriert, und da ihm dabei zumute war, als überträfe seine Schöpfung noch die Poesie selbst des Gottes der Dichter (und wiewohl er wegen der Enthüllung der Hand des Odysseus auf dem kleinen Laionos durch einen Windstoß für eine Sekunde zerstreut war), ging er im Gebrauch jener vernünftigen Versmaße, um die sich bislang niemand ernsthaft Gedanken gemacht hatte, kurz, im Gebrauch der Stroguloi, bis zum Extrem. Er ergötzte sich an ihrer Ähnlichkeit mit dem Peripleo, und anstatt in der rhythmischen Verseinheit starke und schwache Takte miteinander wechseln zu lassen, besaß er die Kühnheit, jene einem Gott vorbehaltene Reform durchzuführen und trotz des Murmelns der Pappeln, das zu einem abgeschwächten Trochäus gereizt hätte, ausschließlich starke Takte zu verwenden ... Welch süßes Gefühl, sich der einfachen und leichten Poesie hinzugeben ...

Manchmal auch, mit einem zwinkernden Seitenblick auf seine Zuhörer, vergnügte er sich damit, den Epitrit in scherzhaftem Sinn zu gebrauchen, ein keckes Unterfangen, das er durch einige Trochäen der Trauer sogleich wieder wettmachte . . . Kurzum, Apollo hatte soeben die irrationale Poesie geschaffen und befreit . . . Hier ein kleines Stück . . . Es ist das vollendetste Denkmal griechischer Poesie, denn es spricht aus ihm eine nicht weniger gründliche Kenntnis des Universums als seiner Götter. Es ist bedauerlich, daß Apollo in einer Anwandlung von Eitelkeit, deren er sich selbst wohl kaum bewußt gewesen sein dürfte, um vom Menschen zu sprechen, jene Ausdrücke wählte, die die Menschen den Tieren vorzubehalten pflegen:

»Frühlingserwachen
in den Ländern des Nordens

Götter, die heute morgen die Erde berührten, haben an den Zehen brennenden Schmerz verspürt: der Schnee begann zu schmelzen. Alle riefen sie vom Olymp eine Göttin herbei, sich an der Überraschung zu weiden. Hebe, die nackte und weinspendende Göttin der Jugend, etwas plumper geworden von ihrer Mission wie von der Verheißung eines Sohnes, versank bis an die Schenkel im krustigen Weiß. Auch Bakchos, dem weinrebenumschlungenen, erging es nicht besser. Sie folgten der Fährte von Jupiters Adler, von Panther und Tigerin, den Tieren des Hofstaats. Da, hinter der Krümmung des Waldwegs von Berghem, erscheint plötzlich tief unten der

Fjord. Und es sieht aus, als überzöge ihn Flora wie rissige Glasur, als bedecke ihn Edelweiß. Auf Rodelschlitten, auf Schlittschuhen tummelten sich Najaden und Tritonen, begleitet, unter der Decke durchsichtigen Eises, von den Zügen ihrer Fische, von Schwärmen des Störs und Sterlets. Lawinen lösten sich und stürzten zu Tal. Allenthalben flatterten blaue Vögel, chinesische Fasane und Pfaue umher. In den Tälern hatte die Dunstwolke des menschlichen Herdenviehs schon an Dichte verloren. Der Frühling erwachte. Apollo, der schönste der Götter, fleckte mit unauslöschlicher Sonne das Damwild, streifte die Zebras; und plötzlich zerschmolz alles, die Lawinen wurden zu Kaskaden, das Eis zog sich in die Tiefe des Ozeans zurück und riß Najaden und Tritonen hinab in ihr Element. Der Frühling hielt seinen Einzug. Schon suchten Frauen und Prinzessinnen auf den Wiesen die Kräuter für das Futter ihrer Männchen . . .«

So sang Apollo, und, trunken von seinen Funden, besaß er sogar die Kühnheit, die Triade parabasengleich zu beenden. Er hatte nämlich bemerkt, daß nichts die Masse mehr zu Beifall hinzureißen vermag als triadische Formen . . . Doch das ist keineswegs alles! Er beschränkte sich an diesem Tage nicht darauf, Rhythmus, Vers und Musik zu verändern. Sein göttliches Vorrecht nützend, veränderte er sogar die Lyra, indem er die erzenen Saiten gegen Saiten aus Katzendarm auswechselte, die aus Buchsbaum gefertigten Stege gegen Stege aus Tannenholz. Er bediente sich einer neuen Fußstellung, einer neuen Haltung der Stimmritze und erfand dabei das Flageolett-g. Doch die Phäaken, die über diese Freiheiten und diese den Menschen zugefügten Beleidigungen erzürnt waren, sie, denen Sprache zu keiner Zeit nur Schmeichelei war, sollten dieses eine Mal, da ein Gott sie besuchte, die Gelegenheit nicht ungenützt vorübergehen lassen, ihm Schimpf anzutun; und der einzige Tag, an dem sie besser geschwiegen hätten, wurde zum einzigen, an dem sie unumwunden ihre Meinung äußerten.

»O Alkinoos«, sagten sie, »dieser Bewerber hat sich außer Konkurrenz gestellt. Wir sind Menschen, gewiß, arme Tiere, doch auch das Vieh hat seine Würde, und es findet sich sicher niemand unter uns, der den Epitrit im scherzhaften Sinn gebrauchen würde. Musikalischer Sadismus liegt uns nicht. Es ist auch nicht unsere Art, nackte oder schwangere Nymphen in den Schnee zu stecken.«

Dann trat Elpenor vor.

Nun war Elpenor an einen Olivenbaum gebunden, fernab der Stadt der Phäaken, und um ihn herum standen die Musen. Aber sie trugen nicht ihr gewohntes Kennzeichen, das Astrolabium, den Kompaß oder die Maske, sondern jenes Folterwerkzeug, das ihrer geheimen Grausamkeit entspricht: Klio, die Muse der Geschichte, hielt vergiftete Stacheln in der Hand, Euterpe, die Muse der lyrischen Poesie, eine Säge und Erato, die der Liebesdichtung, ein Rasiermesser. Erzürnt über den Triumph Elpenors, der in seiner Einfallslosigkeit einfach die Refrains der Matrosenlieder gesungen hatte, den Kehrreim von *Das Mädchen im Nest* und von *Müller, küß auf der Galeere,* sie von den Phäaken im Chor wiederholen ließ und schließlich den ersten Preis davontrug, hatte Apollo den Sieger entführt, um ihn zu erwürgen. In ihrem Zorn kümmerten sich die Musen wenig um ihre Schleier, und wenn Elpenor nicht von einer unbekannten Angst heimgesucht worden wäre, hätte er viele Schätze gewahren können. Ich glaube, allein die Muse der Sternkunde wahrte eine gewisse Schamhaftigkeit und betrug sich, obwohl der Mann, der sie erblickte, dem Tode geweiht war, nicht weniger sittsam als sonst.

»Meine Töchter«, sagte Apollo, »geht ans Werk.«

Inmitten jener Milde und Anmut, die sich durch ihre Anwesenheit der Natur mitzuteilen pflegt, machten sie sich an die Arbeit. Das Gras trug den Duft aller Blumen; der alte Olivenbaum verbreitete den zarten Geruch aller Früchte. Nicht eine Falte im Meer, nicht eine im Himmel. Dann trieb Klio ihre Stacheln unter Elpenors Fingernägel, und Melpomene stieß ihm eine Nadel in die Wangen. Da seine armen vom Fußmarsch beschmutzten Füße krampfhaft zuckten, trennte ihm Erato mit einem Rasiermesser die Zehen ab. Daraufhin riß ihm Terpsichore, eines nach dem anderen, die wenigen Haare auf seinem Schädel aus. Das ganze unglückliche Haar, das sämtliche Abenteuer der Odyssee überstanden hatte, fiel ihr zum Opfer. Dann legte ihm Polyhymnia erhitzte Nußschalen auf die Zunge ... Da hob er zu wehklagen an.

»Musen, Musen«, sagte er, »für wen haltet ihr mich? Das muß ein Mißverständnis sein! Ich gehöre nicht zu jenen Menschen, an denen die Götter sich bisher zu vergreifen geruhten. Ich bin Elpenor.«

Doch Apollo fuhr fort, seine Töchter anzufeuern. Empört darüber, daß sich Elpenor, als er den Refrain von *Das Mädchen im Nest* gesungen hatte, nicht mit der Lyra, sondern mit der Piccoloflöte begleitet hatte, und aus Furcht, die Musen könnten Elpenor vielleicht für ein zu verächtliches und dieser großen Martern unwürdiges Etwas halten, ließ er ihm Hörner wachsen und Hufe, die ihm das Aussehen des Marsyas verliehen, ihres alten Feindes. Er vergaß darüber sogar, ihm die Erinnerung Elpenors zu belassen, und so kam es, daß an Elpenors Augen in dieser letzten Minute das glückliche Leben eines Silen vorüberzog und nicht das eigene Leben. Er sah dessen Kindheit in den Wiesengründen, die noch feucht waren vom ersten Tau der Welt, er erlebte die Vergewaltigung der ersten Nymphe, die Vergewaltigung schließlich der tausendsten, und ein großer Haß gegen die Götter stieg in ihm auf.

»Macht doch weiter, Musen!« schrie er. »Ja, ich bin Marsyas. Ja, ich verachte die Selbstgefälligkeit und Pedanterie eurer Akademie. Eine Akademie in den verschiedenen Bedeutungen des Wortes! Ja, alte Jungfern seid ihr und werdet ihr bleiben mit eurem Papagei Apollo, der sich von Sonnenblumenkernen nährt. Aber sagt ihm nur, daß er irrt, wenn er an die Zukunft der Lyra glaubt. Dieses lächerliche Instrument, das die Vögel zum Spott am Bürzel tragen. Die Zukunft, ihr alten Mädchen, gehört der Flöte, und in dreitausend Jahren will ich wieder mit Apollo darüber reden. Denn die Lyra ist ein göttliches Instrument, will sagen ein mechanisches, steriles, von der Technik beherrschtes, während die Flöte, o Musen, des Menschen Atem selber ist, Hauch dieses unbezähmbaren Geschöpfes, das auf die Götter pfeift.«

Dann öffnete ihm Klio den Bauch und holte die Eingeweide hervor. Kalliope fuhr ihm mit einem Messer kringelgleich um den Arm, bis zur Schulter hinauf, und zog ein Stückchen Haut nach dem anderen davon ab. Terpsichore öffnete ihm die Schädeldecke und legte sein Gehirn bloß. Beim Anblick des Gehirns verhielten sie alle eine Minute. Nichts besaß größere Ähnlichkeit mit dem Gehirn eines Blödians. Die Windungen, in denen Orientierungsvermögen, Eifersucht, Ideenassoziation ihren Sitz haben, fehlten völlig. Nicht einmal eine Taube wäre mit diesem Gehirn zurechtgekommen. All diese Beweise von Beschränktheit, all diese anämischen Organe, die man gegen ihren Willen zu Siegern proklamiert hatte, enthüllten ihre Gebrechlichkeit und baten um Gnade. Apollo fühlte die Gefahr und verwandelte Elpenor in einen Riesen.

»Musen«, befahl er, »fahrt fort in eurer Arbeit an diesem Götterfeind!«

So schlugen die Musen aufs neue diese Lyra menschlichen Leidens. Elpenor hielt sich für den Riesen Pirithous. Dieses Gehirn, das keine zwanzig Unzen wert war, erinnerte sich, Körper an Körper mit Mars gekämpft zu haben. Dann, als ihm eine Nadel die Leber durchbohrt hatte, glaubte er Prometheus zu sein. Für einen Augenblick wohnte ihm die Erinnerung all derer

inne, die tot waren, bewahrte er die zukünftigen Gedanken all derer, die für das Glück der Menschheit sterben würden. Er wurde von einer ungeheuren Welle menschlicher Zuneigung hochgehoben und fortgetragen. Es war die Zuneigung jener Menschen, für die er den Göttern das Feuer entwendet, die Schrift, das Pulver und den Kompaß erfunden hatte. Es war die Zuneigung jener Frauen, für die er der Venus Spiegel und Schminke gestohlen hatte. Und die Ahnung von Impfserum, Schubkarren und Dampfmaschine erfüllte ihn mit überströmender Freude. Manchmal stieß er laute Schreie aus, um sich Mut zu machen, und Apollo ließ sich dann die Ohren mit Wachs verstopfen, wie Odysseus es damals bei den Sirenen getan. Der arme Elpenor war seine eigene Sirene. Da man ihm die Schädeldecke geöffnet hatte, verstand er jedes seiner Worte nur noch besser, und er zählte sich die verschiedenen Arten von Rache auf, die er in den kommenden Jarhunderten an den Göttern nehmen würde, mit Hilfe von Zauberern, mit Hilfe von Literatur und Revolution. Dann fuhr er auf, denn Apollo näherte sich ihm und legte ihm die Garotte an.
»O liebe Menschen«, fand er noch Zeit zu sagen, »die Götter sind nur Einbildung, und den Tod gibt es nicht!«
Da erwürgte ihn Apollo und hängte seine Haut wie einen Schlauch an den Olivenbaum.

Zu dieser Stunde entschloß sich Odysseus, müde des langen Wartens auf Nausikaa an der kleinen Bucht, wohin ihn das Meer mit zwei Stunden Verspätung im

Stundenplan der Odyssee geworfen hatte, in die Stadt der Phäaken zu gehen. Da er dachte, daß ihm vielleicht nicht nur junge Mädchen begegnen könnten, hatte er seine Kleider wieder angezogen. Großer Lärm drang vom Palast herauf. Um zu erfahren, was es damit auf sich habe, redete der Schiffbrüchige einen Vorübergehenden an.

»Was ist das für ein Fest«, fragte er, »weshalb dieses Geschrei?«

»Das sind die Wettspiele, die man zu Ehren des Odysseus veranstaltet hat«, antwortete der Mann. »Doch du kommst zu spät, wenn du daran teilnehmen willst, Fremdling, Odysseus hat bereits alle Preise gewonnen.«

Odysseus schüttelte den Kopf.

»O Minerva«, sagte er sich, »ich verstehe. Mein Leben besteht aus einem so dicht gewobenen Leinen, jede seiner Episoden ist im voraus so nachdrücklich bedacht, daß man mich nicht einmal mehr herbeiruft, es zu erleben. Wenn ich mich nicht in acht nehme, wird es bald ohne mich verstreichen. Die Episode Odysseus-Nausikaa unter anderen barg eine so unversöhnliche Notwendigkeit in sich, daß man es nicht für gut gehalten hat, noch eine Stunde auf mich zu warten, um sie der Nachwelt zu überliefern. Sie wird unter meinen Abenteuern das berühmteste sein, und es wird sie überhaupt nicht gegeben haben. Nur um eines bitte ich dich, o Minerva, laß die Einschiffung auf die Trireme, die mich nach Ithaka zurückbringen soll, nicht ohne Odysseus vonstatten gehen!«

Eingehüllt in den Nebel der Göttin war er bis an den

Fuß der Estrade gelangt und wählte den günstigsten Augenblick, um sich wieder in die Odyssee einzuführen. Auf dem leeren Platz des kleinen Elpenor gewahrten die Phäaken plötzlich einen Fremdling von riesenhafter Statur. Und als sie Odysseus erkannten, stürzten sie davon, um das Schiff zu rüsten. Aber da sie wußten, daß es auf der Rückfahrt nach Ithaka in Stein und seine Matrosen in Klippen verwandelt würden, suchten sie das größte und rundeste Schiff aus, damit es so wenig wie möglich einem Riff gleiche, und sie bildeten die Mannschaft aus den dicksten Phäaken.

Inhalt

Bibliothek Suhrkamp

Verzeichnis der letzten Nummern

603 Stanisław Lem, Golem XIV
604 Max Frisch, Der Traum des Apothekers von Locarno
605 Ludwig Hohl, Vom Arbeiten · Bild
606 Herman Bang, Exzentrische Existenzen
607 Guillaume Apollinaire, Bestiarium
608 Hermann Hesse, Klingsors letzter Sommer
609 René Schickele, Die Witwe Bosca
610 Machado de Assis, Der Irrenarzt
611 Wladimir Trendrjakow, Die Nacht nach der Entlassung
612 Peter Handke, Die Angst des Tormanns beim Elfmeter
613 André Gide, Die Aufzeichnungen und Gedichte des André Walter
614 Bernhard Guttmann, Das alte Ohr
616 Ludwig Wittgenstein, Bemerkungen über die Farben
617 Paul Nizon, Stolz
618 Alexander Lernet-Holenia, Die Auferstehung des Maltravers
619 Jean Tardieu, Mein imaginäres Museum
620 Arno Holz/Johannes Schlaf, Papa Hamlet
621 Hans Erich Nossack, Vier Etüden
622 Reinhold Schneider, Las Casas vor Karl V.
624 Ludwig Hohl, Bergfahrt
625 Hermann Lenz, Das doppelte Gesicht
627 Vladimir Nabokov, Lushins Verteidigung
628 Donald Barthelme, Komm wieder Dr. Caligari
629 Louis Aragon, Libertinage, die Ausschweifung
630 Ödön von Horváth, Sechsunddreißig Stunden
631 Bernard Shaw, Sozialismus für Millionäre
632 Meinrad Inglin, Werner Amberg. Die Geschichte seiner Kindheit
633 Lloyd deMause, Über die Geschichte der Kindheit
634 Rainer Maria Rilke, Die Sonette an Orpheus
635 Aldous Huxley, Das Lächeln der Gioconda
636 François Mauriac, Die Tat der Thérèse Desqueyroux
637 Wolf von Niebelschütz, Über Dichtung
638 Henry de Montherlant, Die kleine Infantin
639 Yasushi Inoue, Eroberungszüge
640 August Strindberg, Das rote Zimmer
641 Ernst Simon, Entscheidung zum Judentum
642 Albert Ehrenstein, Briefe an Gott
643 E. M. Cioran, Über das reaktionäre Denken
644 Julien Green, Jugend
645 Marie Luise Kaschnitz, Beschreibung eines Dorfes
646 Thomas Bernhard, Der Weltverbesserer
647 Wolfgang Hildesheimer, Exerzitien mit Papst Johannes

648 Volker Braun, Unvollendete Geschichte
649 Hans Carossa, Ein Tag im Spätsommer 1947
650 Jean-Paul Sartre, Die Wörter
651 Regina Ullmann, Ausgewählte Erzählungen
652 Stéphane Mallarmé, Eines Faunen Nachmittag
653 Flann O'Brien, Das harte Leben
654 Valery Larbaud, Fermina Márquez
655 Robert Walser, Geschichten
656 Max Kommerell, Der Lampenschirm aus den drei Taschentüchern
657 Samuel Beckett, Bruchstücke
658 Carl Spitteler, Imago
659 Wolfgang Koeppen, Das Treibhaus
660 Ernst Weiß, Franziska
661 Grigol Robakidse, Kaukasische Novellen
662 Muriel Spark, Die Ballade von Peckham Rye
663 Hans Erich Nossack, Der Neugierige
665 Mircea Eliade, Fräulein Christine
666 Yasushi Inoue, Die Berg-Azaleen auf dem Hira-Gipfel
667 Max Herrmann-Neiße, Der Todeskandidat
668 Ramón del Valle-Inclán, Frühlingssonate
669 Marguerite Duras, Ganze Tage in den Bäumen
670 Ding Ling, Das Tagebuch der Sophia
671 Yehudi Menuhin, Kunst und Wissenschaft als verwandte Begriffe
672 Karl Krolow, Gedichte
673 Giovanni Papini, Ein erledigter Mensch
674 Bernhard Kellermann, Der Tunnel
675 Ludwig Hohl, Das Wort faßt nicht jeden
678 Julien Green, Moira
679 Georges Simenon, Der Präsident
680 Rudolf Jakob Humm, Die Inseln
681 Misia Sert, Pariser Erinnerungen
682 Hans Henny Jahnn, Die Nacht aus Blei
683 Luigi Malerba, Geschichten vom Ufer des Tibers
684 Robert Walser, Kleine Dichtungen
685 Reinhold Schneider, Verhüllter Tag
686 Andrej Platonov, Dshan
688 Hans Carossa, Führung und Geleit
689 Ferdinand Ebner, Das Wort und die geistigen Realitäten
690 Hugo Ball, Zur Kritik der deutschen Intelligenz
693 Viktor Šklovskij, Zoo oder Briefe nicht über die Liebe
694 Yves Bonnefoy, Rue Traversière
696 Odysseas Elytis, Ausgewählte Gedichte
697 Wisława Szymborska, Deshalb leben wir
698 Otto Flake, Gedichte
700 Peter Weiss, Abschied von den Eltern
701 Wladimir Tendrjakow, Die Abrechnung
705 Ernesto Cardenal, Gedichte

Bibliothek Suhrkamp

Alphabetisches Verzeichnis

Adorno: Berg 575
- Literatur 1 47
- Literatur 2 71
- Literatur 3 146
- Literatur 4 395
- Mahler 61
- Minima Moralia 236
- Über Walter Benjamin 260
Aitmatow: Dshamilja 315
Alain: Die Pflicht glücklich zu sein 470
Alain-Fournier: Der große Meaulnes 142
- Jugendbildnis 23
Alberti: Zu Lande zu Wasser 60
Anderson: Winesburg, Ohio 44
Andrić: Hof 38
Andrzejewski: Appellation 325
- Jetzt kommt über dich das Ende 524
Apollinaire: Bestiarium 607
Aragon: Libertinage, die Ausschweifung 629
Arghezi: Kleine Prosa 156
Artmann: Gedichte 473
de Assis: Der Irrenarzt 610
Asturias: Legenden aus Guatemala 358
Bachmann: Malina 534
Ball: Flametti 442
- Hermann Hesse 34
- Zur Kritik der deutschen Intelligenz 690
Bang: Das weiße Haus 586
- Das graue Haus 587
- Exzentrische Existenzen 606
Barnes: Antiphon 241
- Nachtgewächs 293
Baroja: Shanti Andía, der Ruhelose 326
Barthelme: City Life 311
- Komm wieder Dr. Caligari 628
Barthes: Die Lust am Text 378
Baudelaire: Gedichte 257
Becher: Gedichte 453
Becker: Jakob der Lügner 510
Beckett: Bruchstücke 657
- Der Verwaiser 303
- Erste Liebe 277
- Erzählungen 82
- Glückliche Tage 98
- Mercier und Camier 327
- Residua 254
- That Time/Damals 494
- Um abermals zu enden 582
- Wie es ist 118
Belyj: Petersburg 501
Benjamin: Berliner Chronik 251
- Berliner Kindheit 2
- Denkbilder 407
- Deutsche Menschen 547
- Einbahnstraße 27
- Über Literatur 232
Benn: Weinhaus Wolf 202
Bernhard: Amras 489
- Der Präsident 440
- Der Weltverbesserer 646
- Die Berühmten 495
- Die Jagdgesellschaft 376
- Die Macht der Gewohnheit 415
- Der Ignorant und der Wahnsinnige 317
- Immanuel Kant 556
- Ja 600
- Midland in Stilfs 272
- Verstörung 229
Bioy-Casares: Morels Erfindung 443
Blixen: Babettes Gastmahl 480
Bloch: Erbschaft dieser Zeit 388
- Die Kunst, Schiller zu sprechen 234
- Spuren. Erweiterte Ausgabe 54
- Thomas Münzer 77